自民党の
統一教会汚染2
山上徹也からの伝言

鈴木エイト

小学館

自民党の統一教会汚染2

山上徹也からの伝言

鈴木エイト

目次

序章

激動の300日

事件から間もなく1年を迎えようとしている（時事通信）

暗殺事件が全てを変えた

20年にわたる孤独な闘いを続けてきた。闘う相手は当初から一貫している。霊感商法などで日本社会に多大な被害を与え社会問題となっていた韓国発祥の宗教団体・統一教会（現・世界平和統一家庭連合）である。そして、次第にこの問題教団と密《ひそ》かに関係を持ち、選挙協力などの見返りに体制保護を行っていた政治家たちとの相関性を摑《つか》み、その疑惑の追及へとシフトしていった。さらに「統一教会と政治家の関係」という重大な問題を取り上げようとしないメディアを含む社会とも闘ってきた。

最初のきっかけは2002年6月、東京・渋谷での出来事だった。JR渋谷駅周辺の街頭で統一教会の信者グループが正体を隠して行っていた伝道活動を目撃、介入し被害者を救出したことに始まる。

それ以降、都内及び近県で横行していた「手相の勉強」「意識調査アンケート」などを装った組織的な同教団の偽装伝道の現場を探し出し、〝正体隠し勧誘〟を阻止する活動を連日続けた。さらに信者生産拠点である偽装教化施設『ビデオセンター』を訪ねては、信者養成所であることを知らされないまま通っている受講生たちを救い出してきた。

その顛末《てんまつ》などをブログに書いていく中で次第に文筆活動を本格化させ、２００９年からはジャーナリストとして記事を様々な媒体へ寄稿するようになった。

統一教会を脱会した元信者の証言から、ある地方議員が同教団と密接な関係にあることを知り、政治家の追及を始めた。２０１１年に教団と地方議員の関係性や地域社会への侵食の実態などをスクープした。

地方議員と教団の疑惑を追う過程で転機が訪れたのは２０１３年。国の中枢と統一教会との穢《けが》れた関係を摑んだときだった。現役の首相が教団票の差配と国会での追及を避ける体制保護とを引き換えにする〝裏取引〟をしていたのではないかという重大な疑惑の証拠を入手したのだ。以降、首相官邸やその周辺の国会議員と教団の関係を追及する調査報道を続けてきた。

だが、私がどれだけ報じても、どれだけ発信しても、社会の側の集合知としての問題意識を喚起するまでには至らず、強固に結びついた自民党政権と統一教会との歪んだ共存関係は全く解消される気配はなかった。あの時までは。

「2022年7月8日」

参院選終盤、奈良で自民党候補の応援演説を行っていた安倍晋三元首相が銃撃を受け失血死した日だ。この日の午前11時31分に起こった暗殺事件が全てを変えた。

事件発生を伝えるテレビ報道、その第一報を受けて私はこうツイートした。

〈安倍晋三元首相が奈良で選挙応援演説中に、背後から散弾銃で胸を撃たれ心肺停止状態との報道。昨年の衆院選でも約20人のSPが警護していたのに、何故筒状の物を持った不審人物を近付かせたのか。安倍の疑惑を追及してきたが、ここで亡くなってほしくない〉（2022年7月8日12時9分）

事件以降の激動

当初、政治的なイデオロギーや暴力団絡みのトラブルではないかとの憶測が流れ、私自身もそう思った。その時点で9年にわたり安倍を中心とした自民党政治家と統一教会との関係を追ってきた私にとって、追及半ばでこの元首相が亡くなってしまうことは、教団と政界との間にある疑惑の解明がなされないまま全てが闇に葬られてしまうという〝絶望〟に直面させられる事態だった。

２０１３年以降、様々な媒体で「統一教会と政治家」に関する記事を書いてきた。宗教カルト等に付随する２世問題を寄稿させてくれる週刊誌や月刊誌もあった。だが、これらは一部では話題になったものの、新聞社やテレビ局といった大手メディアが取り上げるようなトピックにはならず、それ以上の拡がりをみせることはなかった。

追いうちをかけるようにメインで寄稿していたウェブメディアが２０２１年５月に配信停止。さらに当該諸団体や政治家からの執拗《しつよう》なクレーム、そして媒体会社の判断などが相俟《あいま》って、私は新たな記事を寄稿する場をほぼ失っていた。

だが、なんとかしてこの問題を社会に周知させなければならないと思い、いくつかの紙媒体や出版社に『統一教会と政治家の癒着』『カルトの2世問題』といった企画を提案したが「政治家はすぐに失脚するから」「統一教会は旬《しゅん》な存在ではないので」「宗教系の2世の問題だけではインパクトが弱い」等々、様々な理由で企画が通ることはなかった。複数の大手出版社のノンフィクション賞にも応募したものの、最終選考にすら残らず落選続きという有様だった。文筆業だけでは生活が成り立たないため、他の仕事をかけ持ちしながら取材と執筆を続けてきた。全てはいつかこの問題を世に問うために。

票の差配と引き換えの体制保護といった安倍と統一教会の一連の裏取引疑惑を追ってきた私にとって、その疑惑の本筋である安倍の〝死〟は私のそれまでの追及の全てを無に帰すことになりかねなかった。

だが、次第に殺人未遂で現行犯逮捕された山上徹也《やまがみてつや》被告の動機面が明らかとなるにつれ、事件の背後に統一教会と安倍を始めとした政治家との癒着《ゆちゃく》があり、多数の献金被害に遭っている信者の子ども、つまり被害者のセカンドジェネレーションという意味合いでの2世問題との関連がわかると、私を取り巻く環境は一変した。

「これは大変な騒ぎになる」

そう覚悟して以降の展開は、まさに〝激動〟だった。

国会議員リストの作成

事件後、第2次安倍政権発足後の安倍と統一教会との関係を唯一リアルタイムで追ってきた〝鈴木エイト〟という存在がメディア関係者の間で話題となっていく。

2世の問題についても2010年代においてその本質を報じたのは、私が2018

年に『ＡＥＲＡ』へ寄稿した記事「『私は親の付属品だった』エホバの証人、旧統一教会　新宗教元2世信者たちの告白」（『ＡＥＲＡ ｄｏｔ.』に「新宗教団体2世信者たちの葛藤　オフ会が居場所、難民化の懸念も」として転載）ぐらいだった。

次第にメディアからの接触や問い合わせが増えたことから、私は主筆を務めるウェブメディア『やや日刊カルト新聞』の総裁・藤倉善郎とともに統一教会やその関連団体と関係を持った国会議員リストを作成し、照会のあったメディアへ提供した。適切なタイミングでの情報公開・データ提供によってメディアを動きやすくした成功例といえる。その論考についても記した。その後、主要なテレビ局の報道系番組にも軒並み出演させてもらう機会を得てきた。ほぼ無名のジャーナリストだった私が、如何《いか》にしてテレビ番組を始め各媒体に取り上げられることになったのか。取材する側だった私がいつしか取材される側となり、長年書き溜めていた原稿も単著という形で出版を果たした。地道な調査、取材が実を結んだ格好だが、私の存在がクローズアップされていった経過についても振り返ってみたい。

事件当初の警察発表やメディア報道は迷走し、教団名が報じられるまでの経緯も不可解だった。テレビ報道を中心に、事件の背景を巡る言説はおかしな方向へ流れていった。

事件直後2週間ほどの報道やテレビ番組のコメンテーターの言説に危機感を抱いた私は、自分自身を売り込んだ。自己顕示欲からではない。問題の本質を社会に提示するために必要だったからこそ、敢えてその〝作戦〟を採った。

空白の30年

1992年に有名芸能人らが参加し騒動となった合同結婚式の報道から、大手メディアが統一教会の問題をほぼ取り上げなくなって以降の年月は、「空白の30年」と言われている。政治家と統一教会の問題も2000年代中盤以降は、殆《ほとん》ど報じられていない。だがその間も、私だけでなく被害救済に奔走する弁護士や研究者、脱会者などは継続して問題解決に取り組んできた。

事件後、統一教会と政治家との関係が明らかとなっていったにもかかわらず、そのトピックの報道自体を積極的に行おうとしない主要報道番組の姿勢が非難されている。だが、一方でメディアの矜持《きょうじ》を感じる場面も多々あった。中央・地方を問わずこの重大な問題を看過していたことに気づいた多くのメディアが、「空白の30年」を埋めようと精力的な取材を始めたのだ。

メディアの奮起には「ジャーナリズムの復権」が懸かっている。「権力の監視」

が働かないところで横行していた政治家と問題教団の癒着構造。山上一家が受けた金銭的被害と家族離散、一家が崩壊した直接の原因は統一教会自体にあることは明白だが、その過程から事件へ至ったことについて政治家やメディアの側に責任がなかったと言えるのか検証すべきだ。

安倍晋三元首相銃撃事件の背景に統一教会との関係があったと報じられても、その内容を詳《つまび》らかにできる言論人は私しかいなかった。

安倍と統一教会の間には、私が『自民党の統一教会汚染　追跡3000日』（小学館／2022年9月刊）で明らかにしたように、第2次安倍政権発足以降の国政選挙における特定候補への組織票依頼や、2世信者組織『UNITE（ユナイト）』を利用した活動など様々な裏取引が行われた疑惑がある。

それらが2021年9月、教団フロント組織・UPF（天宙平和連合）が開催した『神統一韓国のためのTHINK　TANK2022　希望前進大会』における安倍のビデオメッセージ出演（リモート登壇）に集約し、その映像を見た山上被告による銃撃事件へと発展していったと考えられる。この一連の流れを検証しない限り真相には辿《たど》り着けない。

「空白の30年」は教団側によるメディアへの圧力とメディア側の自主規制が相俟って起こった、と言えるだろう。

だが、これだけ重大な社会事件が起こったことで、メディアはそれまでの〝躊《ちゅう》躇《ちょ》〟や〝自主規制〟などなかったかのように、一斉に教団自体の問題を追及し始めた。教団サイドから見てそれまで奏功してきたメディアコントロールは失敗を重ね、空転していく。

教団が何度も開いた会見では、毎回その不誠実さが指摘された。教団は、海外の息のかかった人権活動家に日本における統一教会報道を批判させた他、韓国国内では日本人信者を動員し、日本のメディア報道に抗議するデモを行った。そして元2世信者の小川さゆりさんが日本外国特派員協会（ＦＣＣＪ）で開いた会見に際しては、会見中止を要求するＦＡＸを送り付けた。これらの一連の教団の動きは、その思惑とは逆に教団の悪質さやカルト性を露《ろ》呈《てい》するものとなった。

「こんなおかしなことがまかり通っていてよいのか」

私の問題意識は、２００２年に教団の組織的な偽装勧誘の阻止活動を始めたころから変わっていない。社会問題を引き起こし続ける教団と政治家の関係を追及し続けて以降も一貫して、そのモチベーションを保ってきた。

何ら解決されていない

安倍元首相銃撃事件後に自民党執行部が党内の国会議員を対象に行った〝点検〟は、不十分かつおざなりなものであり、党としての保身を図るものだった。端《はな》から「自民党として組織的な関係がないことはすでにしっかりと確認している。党としては一切関係がない」と7月末の会見で発言していた茂木《もてぎ》敏充《としみつ》幹事長だったが、私が入手した1990年の兵庫県警の捜査資料には、自民党本部職員の中に10人前後の国際勝共《しょうきょう》連合（統一教会系の政治団体）メンバーがいたことが記載されており、党執行部の主張には綻びも見られる。自民党の点検自体の方向性は明らかに誤っており、これまでの経緯を踏まえると少なくともこの20年における関係性を検証・調査すべきである。自民党が率先してやろうとしないのであれば、国会や各省庁を挙げて様々な角度から検証し、報告書をまとめるといった作業が必要となるだろう。

統一教会の献金被害を念頭に置いた被害者救済を謳《うた》う法律が2022年の年末の臨時国会で可決されるなど、外形のみ一応の決着がついたような空気感が23年の年明け以降漂っている。報道も統一教会に関するものは激減している。だが、問題の核心は何も解決していない。

統一教会に対する解散命令請求の進展。実効性に欠けると指摘される被害者救済法。数千億円以上、数兆円に及ぶとも指摘されるお金が日本から収奪され韓国へ送金された問題、合同結婚式によって韓国の寒村などへ嫁がされた日本人女性信者の人権問題、2世を取り巻く問題、そして政治家との関係の解明といった重大事項は、ほとんど進展が見られないままだ。

事件の第一報を受けて投稿した7月8日12時9分のツイッターでのツリーは、今も継続している。事件から10か月以上が経過してもなお、実質的な解決には程遠い状況が続いている。

裁判はどう展開していくのか

そして殺人罪等で起訴された山上被告の裁判はどう展開していくのか。彼は社会を変えようとしたのか。それとも単に私怨《しえん》を晴らそうとしただけなのか。公判における動機面の全容解明や事件の背景の分析には、私が追ってきた安倍と教団との疑惑が焦点となっていくだろう。本書では山上被告について、これまで知られることのなかった事件直前のあるエピソードを初めて明かす。

この20年間を振り返ると、偽装勧誘阻止活動、ビデオセンター受講生救出、政治家の追及と、その殆どが孤独な闘いだった。多くのカルト被害者を救出してきた一方で、逆に私の方も多くの人に助けられてきた。

事件後、私の存在がクローズアップされるにつれ、この問題に関わってきた人、当事者、社会的に影響力のある著名な識者など多くの人と対談する機会を得た。その対話を通して「統一教会と政界」「2世問題」などの様々な論点の核心が見えてきた。

まずは、事件発生直後から半年余りの経過を追っていこう。私が単身で行ってきた調査報道はようやく多くの人に知られるようになり、問題の重大性や深刻さは社会に伝わった。そして私の孤独な闘いは貴重な援軍を得て共闘の段階へ移行していく。

第1部
追撃編

鈴木エイト ジャーナリスト/作家『自民党の統一教会汚染 追跡300…

@cult_and_fraud

安倍晋三元首相が奈良で選挙応援演説中に、背後から散弾銃で胸を撃たれ心肺停止状態との報道。
昨年の衆院選でも約20人のSPが警護していたのに、何故筒状の物を持った不審人物を近付かせたのか。
安倍の疑惑を追及してきたが、ここで亡くなってほしくない。

午後0:09 · 2022年7月8日 場所: 東京 練馬区

ツイートアナリティクスを表示　プロモーションする

883 件のリツイート　144 件の引用　2,055 件のいいね　638 ブックマーク

事件直後のツイート

第1章　問題隠蔽との闘い

山上の犯行

憲政史上最も長い期間、内閣総理大臣の座にあった現役の政治家が、選挙応援演説中に公衆の面前で撃たれ亡くなるという前代未聞の事件。『安倍晋三元首相銃撃事件』は社会を震撼《しんかん》させるとともに、多くの人に影響を及ぼした。この事件を境に私を取り巻く環境は一変した。そして、あらゆるものが動き始めていく。

銃撃直後の現場において殺人未遂の現行犯で逮捕されたのは山上徹也被告（42）。山上の母親は統一教会の現役信者であり、教団から1億円以上の過度な献金収奪を受けたことなどによって家庭が崩壊。そのことで教団へ強い恨みを抱いていた山上の憤《いきどお》りと銃口は、なぜ安倍に向けられたのか。事件前にルポライターへ宛てて出した手紙に記された内容からは、統一教会の悪質さを世に知らしめるためなのか、「最も影響力のある統一教会シンパ」として安倍を標的にしたことが推測される。動機面で彼の思いがどうだったにせよ、結果として彼の〝行い〟によって様々な社会問題の可視化が進んだことは事実だ。

教団自体の問題としては、「統一教会による金銭収奪が現在も継続していたこと」や、「教団の2世たちが多大な人権侵害を被っていたこと」などが挙げられる。そして何より、そんな教団と多くの政治家が関係を持っていたことが社会に広く知られるようになった。

時系列に沿って事件後の経過を振り返ってみよう。

事件当日の覚悟

事件当日、私は都内のホテルに滞在していた。事件発生直後の第一報を受けて投稿したツイートを序章に転載したが、そのツイートから始まるツリーは現在も続いている。

参院選運動期間に起こった事件とあって、与野党を問わず多くの政治家が事件直後に「民主主義への挑戦」「民主主義に対する冒瀆《ぼうとく》」などと発言。翌日の新聞各紙の論調もそれに追随するものだった。私はこの論調に違和感を持った。

そこでこうツイートした。

〈今回の事件は「反社会的カルト団体と指摘される教団を巡るトラブル」と「当該教団と不適切な関係にあった安倍元首相」という2つの異なる側面を持つ事象が最も不幸な形で具現化してしまったものであり、動機面が解明されるにつれ背景や全体の構図を見誤ることのないよう注意が必要〉(2022年7月9日16時14分)

警察の発表も混乱を見せメディアの報道も慎重にすぎた。まず、事件の背景にあったカルト被害の核をなす肝心の教団名の公表についてだ。

逮捕直後に移送された奈良西警察署内で正午に行われた被疑者の被疑事実についての弁明を聴く弁解録取において、山上は教団名を告げていた。だが、早い段階で「統一教会」だと把握していたにもかかわらず、警察やメディアが教団名を公開するまでには数日を要した。警察発表を受けた報道ベースにおいて、事件当日にまず出てきたのは「ある団体への恨み」というワード。だが、この「ある団体への恨み」という言葉によって私には全ての合点がいった。

「統一教会に違いない」

そのタイミングで奈良西警察署に詰めていた記者から電話があり、「ある団体」が「統一教会」であることを聞いた。

「これは大変な騒ぎになる」

この時、〝覚悟〟したことは序章でも触れた。第2次安倍政権発足後、安倍と統一教会の関係をリアルタイムで追ってきたのが私一人だけだったことから、私自身がこのときから起こる騒動の渦中に巻き込まれることは容易に予測できたからだ。

だが、すぐに私が〝渦中の人物〟となったわけではない。単著も出しておらず、ほぼ無名の書き手だった私をいきなりスタジオに呼ぶテレビ報道番組はなかった。だが、事態が動くにつれ私の存在を多くのメディア関係者が知るようになった。

最初に見ていくのは各メディアが教団名を報じるまでの流れだ。

伏せられた教団名

事件当日、元首相の死亡が確認された後、21時半に奈良県警が行った会見の場で容疑者の動機について語った県警山村和久捜査第一課長の発言である。

「逮捕後の取調べ、逮捕時の弁録（弁解録取書）については、『特定の団体に恨みがあり、安倍元首相がこれと繋がりがあると思い込んで、犯行に及んだ』旨、本人が供述しております。詳細についてはは差し控えさせていただきます」

会見の1時間前には「捜査関係者からの話」として各メディアの報道が「ある団体への恨み」から「ある特定の宗教団体に恨み」となって以降も、依然として各メディアは具体的な教団名を報じなかった。

変化があったのは翌日の夜遅くだった。7月9日の23時22分に配信されたウェブ記事「【独自】安倍元首相を撃った山上徹也が供述した、宗教団体『統一教会』の名前」で『現代ビジネス』が「統一教会」と報じたのだ。

続いたのは『SmartFLASH』。翌7月10日、参院選当日の午前6時に配信した記事「安倍元首相銃撃の山上容疑者　優等生バスケ少年を変えた〝統一教会で家庭崩壊〟…事件前には近隣トラブルで絶叫【原点写真入手】」において、やはり教団名を報じている。

だが、これらのウェブメディアが「ある宗教団体」を「統一教会」と名指しする記事を配信しても一般メディアは依然として教団名を一切報じなかった。

その傾向が変わったのは教団サイドのアクションだった。教団名を摑んだメディアの取材が殺到したことから、統一教会は7月11日に京王プラザホテルにおいて大手メディアと教団系メディアのみを招いて会見を開くことを発表した。この時点でようやく各メディアが、「ある宗教団体」を「旧統一教会」と報じ始めた。

欺瞞会見への対抗策

会見理由は教団サイドのプレスリリースによると、「様々に交錯する情報を整理し、より迅速に説明責任を果たすため」というもの。会見者は日本統一教会の田中富広会長と澤田拓也総務局長。会見参加を許されたのは招待メディアだけ、質問も1社につき1問のみで人数制限もかけられた。

会見当日の11日、多くの〝非招待〟メディアやフリーランスの記者が会見参加を求め現地へ行ったものの、私を含めて会見参加は認められず教団サイドからの合理的な説明がないまま会見場から締め出された。

私のようなフリーランスの記者ばかりでなく、多くの一般メディアの記者も会見場に入れなかったため、締め出された私たちはロビーにて待機しながら生配信される会見の音声をチェックした。

想定した通り、田中富広会長の会見内容は教団の保身ばかりが目立ち、献金収奪などについてもノルマを否定するなど欺瞞《ぎまん》的な発言に終始した。

会見終了後、私は共同取材を行う『やや日刊カルト新聞』の藤倉善郎総裁とある手段に打って出た。ホテル側の了解を得て他のメディア関係者とともに会見場に入り、同じ場所で臨時記者会見を開いたのだ。私が先ほどまで田中富広会長らが座っていた会見席に陣取り、如何に会見内容が嘘と欺瞞と保身によるものだったかを解説、質疑応答まで行った。

この模様は『やや日刊カルトTV』からネット配信され、後日字幕付きでユーチューブに公開された。

〈昨日の統一教会・家庭連合会長の会見を報じる今朝のテレビ各局。教団側の言い分を一方的に報じるものが目立つ。安倍元首相と統一教会との関係を被疑者の「勝手な思い込み」とする論調も。きっちり反論していかないと事件の背景が歪められてしまう〉（2022年7月12日9時47分）

教団側の会見を受けて翌12日、統一教会の問題に取り組む『全国霊感商法対策弁護士連絡会（全国弁連）』が都内で会見を開いた。

『安倍晋三元首相殺害事件について』と題した会見では、元2世信者が体験談を語った他、同弁連の渡辺博東京事務局長や川井康雄事務局長から霊感商法の手口や高額献金の収奪の実態などが明かされた。この会見の質疑応答で政治家と統一教会の関係について質問が投げかけられた際、同弁連代表世話人の山口広弁護士が「政治家との関係はそこにいる鈴木エイト君が詳しい」と発言したことにより、会場にいたメディア関係者、そして生配信を観ていた人に私の存在が知られるようになった。

会見では紀藤正樹弁護士が「政治家の先生方に統一教会と付き合うことの重大性を理解してもらえなかったことが我々の反省点」と発言していたことも印象的だった。この言葉を聞き、私も自分の書いた記事や発信が、当該政治家の言動や行動に影響を与えられなかったことについて考えさせられた。

コメンテーターの言説に危機感

事件の背景を一斉に取り上げた各メディアだったが、ワイドショーを中心にその報道内容は適切なものだったのか。

事件後の数週間の推移を振り返ると、この時期の各番組の複数のコメンテーターが安倍と統一教会との関係を極端に矮小化《わいしょう》する言葉を発している場面を度々目にした。某キャスターに至っては、容疑者が事件を起こした原因について「別の理由があるはず」と決めつけ、安倍と教団との関係性すら頭ごなしに否定する始末だった。また、あるメディアが掲載したコメントでは安倍と統一教会との関係を「陰謀論」とまで表現する著名人まで現れた。一部、カルト問題に関わってきた識者による適切な解説もあったが、それも安倍の祖父で教団の日本進出に尽力した岸信介《きしのぶすけ》元首相と文鮮明《ムンソンミョン》教祖の関係を殊更にクローズアップするものが殆どだった。その〝方向性〟が続くと、山上の動機面が「文鮮明と岸信介の関係性を教団と孫の安倍晋三に投影しただけ」「安倍晋三は犯人の思い込みや誤解によって狙われた」といった〝誤った〟方向へ誘導され固定化されてしまいかねなかった。

事件後の数週にわたり、安倍本人と統一教会との関係が「容疑者の〝思い込み〟ではない」と解説することのできる人がほぼいない状態が続いた。

「安倍さんは統一教会と何も関係ないのにね」

安倍晋三元首相銃撃事件の翌週、ある著名な政治ジャーナリストが民放のワイドショー番組でこう発言した。この発言はある意味、正鵠《せいこく》を射ている。山上一家が遭った金銭被害と家族の離散、一家の崩壊に安倍自身は一切、〝直接〟関わってはいないからだ。
だが、もしこの発言が安倍と統一教会の関係性自体を指して述べているとしたら、完全な誤りである。

〈こういう人たちの〝誤った認識〟がまかり通ってしまうことは、かなり危うい。意図的なミスリードだとしたら論外〉（2022年7月12日9時47分）

実際に、多くのコメンテーターやキャスター、そして有識者とされる論客たちが安倍と統一教会の関係性を殊更に矮小化するかのような発言を行っていた。これが仮に安倍晋三という人物の暗部に、敢えて目を向けないようにする意図から誘導しようとしていたのだとすると問題だが、私は単に彼ら彼女らには「絵」が見えていないのだと感じた。

裏取引の疑惑

安倍と統一教会の間には、私がのちに出版する書籍『自民党の統一教会汚染　追跡3000日』で明らかにしたように、第2次安倍政権発足以降、2013年参院選での北村経夫《つねお》（現・参院議員）への組織票依頼など様々な裏取引が行われた疑惑がある。

「全国区の北村さんは、山口出身の政治家。天照皇大神宮教（「踊る宗教」とも）の北村サヨ教祖のお孫さんです。首相からじきじきこの方を後援してほしいとの依頼があり、当落は上記の『踊る宗教』と当グループの組織票頼みですが、まだCランクで当選には遠い状況です。参院選後に当グループを国会で追求する運動が起こるとの情報があり、それを守ってもらうためにも、今選挙で北村候補を当選させることができるかどうか、組織の『死活問題』です」

２０１３年夏の参院選直前、統一教会が全国の信者に出した内部通達である。

また、２０１６年、学生団体ＳＥＡＬＤｓ《シールズ》のライバルを標榜《ひょうぼう》する保守派の大学生グループが突如現れ、安倍政権を支持する街頭演説やデモ行進を全国各地で展開した。ＵＮＩＴＥ《ユナイト》と名乗るその集団が統一教会の２世信者たちであり、彼らの活動に自民党安倍政権の意向があるのではないかという疑惑も追及した。

こうした歪んだ関係が２０２１年９月、教団フロント組織・ＵＰＦ（天宙平和連合）の開催したオンライン集会における安倍のビデオメッセージ出演（リモート登壇）に繋がった。

この一連の流れを知らない人には、その関係を〝印象〟以上のレベルで語ることはそもそも不可能である。

両者の関係性の推移を前提にして問題点を検証しない限り、真相には辿り着けない。

〈これまで寄稿した原稿をまとめ最新の事象を加筆した書籍を出版する必要に駆られる。安倍晋三元首相と統一教会の関係の実態と〝裏取引疑惑〟を徹底的に論証しない限り、今回の事件の全容は摑めない。「〝思い込み〟による凶行」で片づけてはならない〉（2022年7月12日9時47分）

UPF大会に予め録画した映像でリモート登壇した安倍晋三

〈安倍晋三氏と統一教会の〝裏取引〟疑惑に関して2013年から傍証を積み重ねてきた。その果てに起こったのが昨年9月の統一教会フロント組織集会リモート登壇なんだ。「単にビデオレターを送っただけ」なんかじゃない〉（2022年7月12日11時23分）

奈良県警の「思い込んで」

ここで事件発生直後、現行犯逮捕された山上容疑者が奈良西警察署に移送され逮捕直後の言い分を記した弁解録取書（弁録）について取り上げる。事件から30分後、正午過ぎに作成された〝弁録〟。これを基に同日夜に会見を開いた奈良県警の山村捜査第一課長が、こう発言したことは前述した。

「逮捕後の取調べ、逮捕時の弁録については、『特定の団体に恨みがあり、安倍元首相がこれと繋がりがあると思い込んで、犯行に及んだ』旨、本人が供述しております」

この山村捜査第一課長による発言への〝誤解〟についても触れておこう。

まず、この「思い込んで」という表現は、山上の発した言葉そのものではない。弁解録取を行った巡査部長自身が、まさか統一教会と安倍元首相に繋がりがあるとは夢にも思わず、取り調べた警察官自身の表現、つまり〝思い込み〟によって書いてしまったものだ。これを警察による「世論誘導」などと非難する声も上がったが、そこまで深読みする必要もなく、単に警察側の認識が至らなかっただけだ。

この警察サイドの「思い込み」は、この時点そして以後の数週にわたる各番組コメンテーターなどの認識と共通するものである。安倍と統一教会との深い関係など知る由もないのだ。これは無理もない。しっかりとアンテナを張っていれば私が書いた記事や報道を目にしたこともあるだろう。だが、その報道自体を知らない〝識者〟にしてみれば、安倍と統一教会との昵懇《じっこん》関係など陰謀論レベルの戯言《ざれごと》としか捉えられなかったのだろう。

この時点での私にできることはといえば、この〝識者〟たちを含め情報が届いていなかった人たちに〝事実〟を伝え、判断してもらうことだった。情報が伝わった上でそれでも「安倍晋三と統一教会は無関係」と言い張るのであれば仕方ない。私が関知することではなく当人の読解力や現実認識の問題である。どのような判断をされるかはさておき、事実が充分に提示されていない状況ではコメンテーターたちの発言を責められなかった。

〈TBS『ひるおび』酷過ぎる。統一教会と安倍元首相の関係を殊更に矮小化するコメント連発。この両者の関係性を明確な根拠を以て語ることができるのは私しかいないと改めて実感〉（2022年7月12日13時9分）

「#鈴木エイトを出せ」

そこで私はどう出たか。まずはタイミングを計った。黙っていても各メディアが取材を進めると、必ず私が調べたデータにぶつかる。いずれどこかのタイミングで全メディアが私の情報やデータに直面することになる。そして「鈴木エイト」という名が次第に各メディア関係者に知られるようになった。

安倍周辺の政治家と統一教会の関係を示す映像や音声データ、画像を持っていたのがほぼ私一人だったことから、データ提供の依頼が殺到した。

だが、取材申し込みやデータ提供依頼は相次いだものの、私をテレビに生出演させようとする動きには至らなかった。ほぼ無名のジャーナリストをすぐにワイドショーや報道番組に起用しようとは思わなかったのだろう。だが、前述したように、第2次安倍政権以降の統一教会との関係を解説できる人材が皆無だったことから、安倍と統一教会との関係について、「文鮮明と岸信介の関係」といった古い情報のみを根拠に〝解説〟する構成の番組ばかりだった。この流れが続くと山上容疑者の動機面における焦点がズレてしまい、事件の背景自体が「文鮮明と親しかった岸信介の孫だから安倍晋三が狙われた」といった誤解を招きかねなかった。

そのタイミングで私は次のステップに移行した。敢えて自分自身を売り込むことを始めた。事件前に7000人ほどだったツイッターのフォロワー数は1万人を超えていた。そこで「#鈴木エイトを出せ」というハッシュタグを付けた投稿をツリーに加え、トップツイートに固定した。

〈皆さんにお願いです。統一教会と安倍晋三元首相のズブズブの関係を明確な論拠で語ることができるのは私以外にいません。私のアカウントをフォローし、ツイートをリツイートしてください。そして私を押し上げてください。#鈴木エイトを出せ〉(2022年7月12日13時9分)

私にしかできないことを行う。自分の役割と責務からの判断だった。自己を顕示する目的は一切なく、事実を伝えるというジャーナリズムを遂行するためだった。

第２章　圧力との闘い

自民党は報道を牽制

7月12日、２０２１年秋に『実話ＢＵＮＫＡ超タブー』（コアマガジン）へ寄稿した記事「統一教会と安倍晋三　カルト宗教と政界のドンの不適切な関係」が採録され『統一教会と安倍元首相の関係とは』とのタイトルで『ブッチＮＥＷＳ』からネット公開された。

13日には事件後、最初に公開される署名記事として「『安倍氏は三代にわたって付き合いがあった』マスコミが書かない山上容疑者・統一教会・自民党をつなぐ点と線　安倍氏と統一教会の間には『裏取引疑惑』も」が『プレジデントオンライン』から配信。両記事とも驚異的なビュー数となり、世間の関心の高さを窺《うかが》わせた。

だが、統一教会自体の問題を伝える報道は続いていたものの、依然としてどのメディアも教団と政治家との関係を深く掘り下げて報じることはできていなかった。

〈教団の悪質さが報じられる一方、教団と安倍元首相の関係性についてはどのメディアも深掘りできていない。このまま〝幕引き〟にされないために私にしかできないことに集中します〉（2022年7月14日6時27分）

私はこれまでの調査や取材で入手した安倍と統一教会、自民党政治家と教団の関係を示す資料を示しつつ、事件の推移をツイートし続けた。

〈現在明らかになっている山上容疑者の供述内容は私が入手した情報と悉《ことごと》く合致しており、逮捕後までが綿密に計画された一連の流れが見える。計画を構成する絶対条件として安倍元首相と統一教会の緊密関係の蓋然性がポイントとなる〉（2022年7月14日7時8分）

自民党からは事件の報道自体を牽制する動きも露《あら》わとなった。同党の片山さつき議員は7月13日に「警察庁長官に『奈良県警の情報の出し方等万般、警察庁本庁でしっかりチェックを』と慎重に要請致しました」とツイート、情報統制を図る目的が垣間見えた。

メディア出演への経緯

さらに多くのメディアから私が保存していたデータの提供依頼があった。私には蓄積してきた情報を独占する意図はなく、文字通り「惜しみなく」提供を続けた。

各番組の報道で使われる映像や音声、画像に「提供：鈴木エイト」「鈴木エイト氏提供」などのテロップが入り続けたことで、メディアの枠を超えて社会の側へ次第に「この鈴木エイトというのは何者だ？」という声が高まっていった。多くの視聴者が「鈴木エイト」という名を知ることになっていく。

そしてこの頃から新聞や雑誌、ウェブメディアを中心に私のコメントが載り始めた。

一例を挙げる。

「単に容疑者の思い込みで片付けるのでなく、安倍氏と旧統一教会の関係を解明しないと、事件の全容はつかめない」（東京新聞）

さらにメディアから統一教会と関係のある国会議員に関する問い合わせが全国弁連へ集中し、国政選挙の度に「カルト関係議員」を掲載してきた『やや日刊カルト新聞』へ同弁連からの照会が入った。

そこで同紙の主筆である私と総裁の藤倉善郎は関係議員の一覧リストを作成することにした。事務作業は主に藤倉総裁が受け持ってくれた。そして作成した『統一教会系団体と関わりがある国会議員112人』リストを照会のあったメディアへ配布した。

すると「凄《すご》いリストがあるらしい」と話題になり、メディア関係者からの提供依頼が殺到した。掲載が最も早かったのは『日刊ゲンダイ』だった。7月16日、同リストから抜粋したものを表にして「旧統一教会と『関係アリ』国会議員リスト入手！　歴代政権の重要ポスト経験者が34人も」とのタイトルで「ジャーナリストの鈴木エイト氏による長年の調査でリストアップされたもの」と報じたのだ。この『鈴木エイト氏提供資料』とのクレジットが入った一覧表のインパクトは大きく、かなりの反響があった。

次に私の信用性を増すきっかけを作ってくれたのが元東京高検検事の郷原信郎弁護士だった。菅原一秀《いっしゅう》元経産大臣が公職選挙法違反で告発された案件の際、証言者となった菅原の元秘書の代理人を郷原弁護士が務めていたことから、統一教会との関係で同じく菅原を追及していた私の存在も認識してくれていたという。その郷原弁護士からユーチューブチャンネルへの出演依頼があり、7月20日に収録、22日に以下のタイトルで公開された。

《郷原信郎の「日本の権力を斬る！」》第157回【鈴木エイト氏に聞く「旧統一教会に関する『確かなこと』】

この出演によって「理路整然と話ができる」「事実と推測とを分けて慎重に話す」といった評価を受け、再生回数は15万回視聴を超えた。

取材が集中

テレビでまず声がかかったのが、テレビ朝日系のネット番組『ABEMA Prime』だった。7月21日、統一教会の勧誘手法の実態についてリモート出演し解説した。この内容はニュースとしても配信された。

さらに7月23日のTBS『報道特集』と24日のテレビ朝日『サンデーステーショ

ン』で、私のインタビュー映像が放送された。25日にはTBS『news23』にリモート出演。

郷原信郎弁護士のユーチューブ番組出演以降の『ABEMA Prime』『報道特集』『サンデーステーション』へのVTR出演によって「鈴木エイトは論理的に話すことができる」との共通認識が醸成されたという。実際に、某番組のプロデューサーからは「番組にスタジオ出演してもらって話せる人物」かどうかを見ていたと言われたことがある。

並行していくつかの週刊誌や月刊誌に寄稿した。『FRIDAY』にも巻頭記事「教団を追い続けてきたジャーナリストがその実態を全て明かす　旧統一教会『濃厚接触議員リスト』」を書いた。

事件の背景に安倍本人と統一教会との関係があることが報じられても、その実態を詳《つまび》らかに証言できる言論人が私一人だったため、以降も取材が集中することになる。

取材をする側から取材される側になる機会が増え、様々な媒体からの取材に対応した。

『ＢＢＣ』や『ワシントンポスト』『ニューヨーク・タイムズ』『ニューズウィーク』『FINANCIAL TIMES』『ル・モンド』といった海外メディアからの取材も多数受けた。

シンガポールの『チャンネル・ニュースアジア／ＣＮＡ（Channel NewsAsia）』や韓国ＭＢＣの調査報道番組『ＰＤ手帳』でも特集が組まれ、インタビュー取材映像が流れた。

7月26日、27日にはＴＢＳ『ｎｅｗｓ23』と日本テレビ『ｎｅｗｓ ｚｅｒｏ』でもインタビューが使われ、27日には読売テレビ『情報ライブ　ミヤネ屋』でコメント映像が流れた。

ＢＳ－ＴＢＳ『報道１９３０』を始め各番組に提供した「安倍晋三が『じきじき』組織票支援を『依頼』したことを示す教団内部文書」のインパクトは大きく、確実な傍証とともに疑惑が裏付けられていった。

多くの自民党国会議員と統一教会との関係が報じられる中で、教団と関係する議員の濃度が高くその人数も多い自民党との組織的な関係が疑われるところだったが、同党の茂木幹事長は「自民党として、組織的関係がないこと、すでにしっかりと確認しております」と会見で発言。いち早く組織的な関係を否定してみせた。だが、この発言が自民党の足枷《あしかせ》となり、真相究明へと舵《かじ》を切れない一因となっていく。

教団が慌てた内部映像

7月30日、TBS『報道特集』と『文春オンライン』において同時刻（18時）に、UPF議長と国際勝共連合会長を兼任する梶栗正義《かじくりまさよし》の説教映像が公開された。安倍が殺害されるきっかけとなったのは2021年9月のUPF集会への安倍のビデオメッセージ出演とみられているが、その翌月に行われた都内での礼拝における説教を収めたものだ。

ビデオメッセージ出演の経緯について、UPFジャパンは当時そのことを報じた一部媒体の取材に対し、「安倍前首相のビデオメッセージ出演はアメリカの『ワシントン・タイムズ』、UPFインターナショナル経由での快諾」との旨を回答していた。だが、独自入手した礼拝での説教動画の中で梶栗は、自身と安倍の三代にわたる信頼関係や、第2次安倍政権以降の国政選挙における貢献を誇り、ビデオメッセージについても教団の実権を握る世界宣教本部・尹煐鎬《ユンヨンホ》本部長の指示で、梶栗自身が直接安倍に依頼して実現したという内幕を語っている。

この『文春オンライン』に寄稿した同記事によって、私は「安倍前首相のビデオメッセージ出演はアメリカの『ワシントン・タイムズ』、UPFインターナショナル経由での快諾」との教団サイドの弁明が、全くの虚偽であることを暴いた。

「《スクープ映像入手》旧統一教会のフロント組織『勝共連合』会長が安倍元首相との〝ビデオ出演〟交渉の裏話を激白」（『文春オンライン』）

メディアへの圧力

梶栗の説教映像の内容が報じられたことで、安倍が狙われた元々の原因、つまり〝責任〟が、海外ではなく日本の教団関連機関トップにあったことが明白となった。非難の矛先が向くことを危惧したのか、教団は、それまでほぼ〝放置〟してきたメディア対策に打って出た。

まず教団は報道自体を抑えようと画策、メディアコントロールを図る。プレスリリースを出した上で特定のメディアにクレームを入れたのだ。教団側が作成したり配信した映像が報道で使われることに対して、著作権侵害を主張し始めた。安倍が銃撃されるきっかけとなったビデオメッセージ出演の依頼者が教団関連機関幹部だったと暴かれ、その証拠として教団側の形勢が不利になる映像が拡散されることを何よりも阻止しようとしたのだろう。これは教団サイドのクレームが梶栗動画の報道直後から始まったことから明白であり、「法的手段を講じる」とＳＬＡＰＰ（威圧的恫喝）を匂わせていたことからも、教団の焦りが見て取れた。

この時まではプレスリリースにおいて「偏向報道」などと主張する程度だったものが、直接的な抗議やＳＬＡＰＰに移行していくきっかけとなったのが梶栗動画なのだ。

『サンジャポ』と『ミヤネ屋』

私はこの時期から、各局の看板番組への生出演が決まっていった。まず、7月31日、ＴＢＳ『サンデージャポン』にスタジオゲストとして出演を果たした。8月3日には読売テレビ『情報ライブ　ミヤネ屋』に大阪のスタジオからゲスト出演。両番組への出演は２０２２年の年末まで毎週続き、年を跨《また》いだ23年になっても出演は続いている。

紙やウェブ媒体に記事を寄稿しつつ、テレビやラジオ等への出演を続けた。代表的なものを列記する。

ＭＢＳ毎日放送『よんチャンＴＶ』
ＴＢＳラジオ『荻上チキ・Ｓｅｓｓｉｏｎ』
フジテレビ『めざまし８』『Ｍｒ．サンデー』
文化放送『大竹まこと　ゴールデンラジオ！』『ロンドンブーツ１号２号　田村淳のＮｅｗｓＣＬＵＢ』
テレビ朝日『羽鳥慎一モーニングショー』『グッド！モーニング』『スーパーＪチャンネル』
日本テレビ『スッキリ』『真相報道バンキシャ！』『ｎｅｗｓ ｚｅｒｏ』
ＭＢＳラジオ『厳選！月イチジャーナル』
ＴＢＳ『情報７ｄａｙｓニュースキャスター』『ひるおび』『Ｎスタ』
ＲＫＢ毎日放送『タダイマ！』
テレビ西日本ＴＮＣ『ＣＵＢＥ』
ＴＢＳ『ワールド極限ミステリー』
読売テレビ『す・またんＺＩＰ！』

ＡＢＥＭＡ ＳＰＥＣＩＡＬチャンネル
ＹｏｕＴｕｂｅ『吉田照美のフルモチ』『Ａｒｃ Ｔｉｍｅｓ』
ＢＳ－ＴＢＳ『報道１９３０』
Ｊ－ＷＡＶＥ『ＪＡＭ ＴＨＥ ＷＯＲＬＤ ＵＰ ＣＬＯＳＥ』

当時のスケジュールでは、東京と大阪を一日で往復し早朝から深夜まで４～５番組に出演し収録を行う日もあった。

原稿の締め切りにも追われていたため、一日おきに徹夜をしていたのもこの時期だ。

出演者として各媒体に関わるようになり、いろいろと留意してきたことがある。出演する媒体によって話すスタイルに変化を持たせたのも、その一つだ。

テレビ番組は持論を滔々《とうとう》と語る場ではなく円滑に進行することを第一義とする媒体だと思っている。そのため、投げかけられた質問に対してまず結論を述べ、簡単に補足するというやり取りを心がけている。ラジオ番組では出演の形態にもよるが、もう少しじっくり話せるので、より詳細に語るスタイルを探った。ユーチューブチャンネルではさらに長く話すことができるため、いっそう詳しく解説を行い持論を語るようにしている。

安倍のビデオメッセージ依頼者

8月8日、『文藝春秋』電子版に「《写真入手》安倍元首相と勝共連合会長『12年前の接点』暗殺事件につながるビデオ出演依頼者との隠されていた関係」を寄稿。安倍暗殺の呼び水となったUPF大会へのビデオメッセージの依頼者・梶栗正義と安倍の最初の接点が2010年だったことを報じた。梶栗は教団関連組織が同時期に国内外の関連学者などを集めて開催したシンポジウムの陳情のために、教団の元日本会長らと衆議院議員会館の安倍事務所を訪ねており、その際に撮られた記念写真を入手し書いたものだ。

2010年夏のファーストコンタクトの時点から、その後、政権の座に返り咲いた安倍を国政選挙などで支え、11年後の2021年9月のUPF大会で安倍を教団との関係性における〝表舞台〟に引っ張り出したネゴシエーターであり、銃撃の原因を作った張本人とも言える梶栗正義UPFジャパン議長。

この報道によって、安倍の死に至る道程の最初から最後まで梶栗がキーパーソンであることを示した。

ＵＰＦは8月12日、韓国ソウル蚕《チャム》室《シル》ロッテホテルでマイク・ポンペオ前アメリカ国務長官らを招き『Summit 2022 & Leadership Conference』を開催。安倍晋三元首相への追悼献花式を行った。安倍殺害の呼び水とされるビデオメッセージの経緯からすると、ＵＰＦこそ最も安倍の支持者から非難を受ける立場であるはずだが、意に介さずこのようなセレモニーを平然と行うところに組織の異様さが際立っていた。

そして日本国内では、安倍と統一教会との関係性が明らかとなったことで、この元首相の国葬儀に反対する声が大きなうねりとなっていく。

2010年に安倍と梶栗正義（右端）の接点（筆者が入手した写真）

教団会見での「異議あり」

8月10日、統一教会の田中富広会長が日本外国特派員協会（ＦＣＣＪ）にて会見を行った。情報筋によると、世界宣教本部・尹煐鎬本部長が日本における教団への報道を「宗教迫害」として、国連や海外のメディアに訴えるよう指示したという。田中富広会長は会見途中、司会者の制止を無視し予《あらかじ》め用意された原稿を読み上げることに固執、一方的に声明を発表し続けた。質疑応答予定時間を過ぎても続けられた異様な〝声明読み上げ〟会見。

生中継で大阪のスタジオからこの会見を中継していた『情報ライブ　ミヤネ屋』に出演中だった私は、田中会長の発言が英訳される合間のタイムラグを使って、「すごいですね、どの口が言ってるんでしょうね」「これ嘘ですね」「メディアが統一教会の言い分をそのまま報道するわけないですよね」「そんなことどうでも良いから本題に入ってほしいですね」「何を言ってるんですかね」「嘘ばかりですね」などの合いの手を入れた。これが大ウケし、ニュースにもなった。以後の『ミヤネ屋』では教団側の会見を中継しながら私や紀藤正樹弁護士、有田芳生前参院議員などが「異議あり！」のボードを出し、それを後ほど解説するという手法を取った。

教団はその後も渋谷の松濤《しょうとう》本部で繰り返し会見を行ったが、そのたびに墓穴を掘ることとなった。「異議あり！」ボードを毎回用意した『ミヤネ屋』では、会見生中継での生ツッコミというスタイルが出来上がった。圧力に屈せず統一教会の問題を追及する同番組は多くの視聴者の共感を得た。ツイッターには「#ミヤネ屋頑張れ」のハッシュタグが立ちトレンドワード入りした。

8月10日に内閣改造が行われた際には、いち早く統一教会関係閣僚をリストアップしツイッターで公開した。

書籍出版へ

もともと私はこの案件を自分一人で独占しようとは思っていなかった。一連の疑惑を追いながら「なぜこんな重大な事案を誰も追わないのだろう」と思っていた。権力への監視が行き届かない中で横行していた「問題組織と政治家の癒着」を誰かが記録し報じなければならないとの使命感に突き動かされていただけだ。それだけに、事件後、多くのメディアがこの問題の深刻さと重要性に気づき、強い関心を持って取材し報道し続けてきてくれたことが単純に嬉しかった。

旧知の編集者からは後日、最初の段階で行った関係議員リストの公開が大きかったと言われた。情報を抱え込まずオープンにしたことで大手メディア、特に新聞各社が早い段階から踏み込んだ報道が可能となり、そのことで問題がより早く周知されたというのだ。

そんな各メディアの報道が、それまで私が報じてきた内容と悉く一致していく。さらには新たな関係性も次々に判明、全容解明に欠けていたパズルのピースが、次々と嵌《はま》っていく様を目の当たりにした。

それだけに書き溜めていた原稿を早く書籍という形で世に出したかった。取り扱う案件に訴訟リスクがあるため、ある程度大手の出版社からの刊行を目指した。

当然、事件が起こる前にも出版に向けてアクションは起こしていた。何とかこの問題を世に問いたいと思い、伝手《つて》のある編集者などを介して出版社に企画を持ち込んだものの、なかなか書籍出版の企画は通らなかった。編集者からは「政治家はすぐに失脚するから」とも言われた。タイムリーではないというのだ。統一教会についても過去の遺物であり〝旬〟ではないという判断が続いた。どうしても今現在起こっている問題、現在進行形の重大な問題であるという共通認識を持ってもらえなかった。

並行して大手出版社が主催するノンフィクション賞にも何度か応募したが、受賞は叶わなかった。

そんな中で8月に『週刊ポスト』の取材を受けた際、小学館ノンフィクション大賞に2度応募したことを話したところ、そんな原稿があるのかと小学館社内で過去の応募原稿が〝発掘〟されたという。そして見つかった原稿が「今話題となっていることが全て書いてある」と評価され、一気に出版が決まった。

郷原信郎弁護士のユーチューブ番組出演時に出版先を探している旨を話して以降、いくつかの出版社から打診は受けていた。ただ、訴訟リスクに耐え得る大手の出版社から出したいと思い、保留させてもらっていた。当時、連絡をくれた出版社の方々には、早期に声をかけてもらったことを感謝している。

8月21日に情報が解禁され、書籍のタイトルが『自民党の統一教会汚染　追跡3000日』となり、9月26日に刊行されることが発表された。奇しくも安倍元首相の国葬儀の前日というタイミングでの出版となった。

教団のメディアコントロール

8月18日、韓国の教団宣教本部は韓国ソウルで在韓日本人信者を動員し、日本の報道についての抗議デモを実行した。同月31日にも韓国MBCの調査報道番組『PD手帳』の報道内容に抗議デモを行った。

日本の教団は8月21日と25日にプレスリリース『異常な過熱報道に対する注意喚起』を出し、メディア報道を「魔女狩り」「バッシング」と決めつけ一方的に非難、法的手段を講じるとしてメディアコントロールへの画策を続けた。

〈異常な過熱報道に対する注意喚起　とのことだが、統一教会が起こしてきた社会問題や政界との関係を追及する日本の報道に何らかの抑止が掛かると思っているとしたらジャーナリズムを舐め過ぎだろう〉（2022年8月26日13時45分）

8月27日、事件後初となる『統一協会被害者家族の会』の相談会が開かれ、多くの相談者が参加、メディア各社も取材に訪れた。

9割が「知らなかった」の欺瞞

8月末、自民党は所属国会議員への「点検」を実施。会見において「調査」でも「アンケート」でもなく「点検」と言い張った茂木幹事長。危惧した通り、その用紙には「党としての組織的関係」を完全否定する前置きがあり、党と教団との組織的つながりを示す内容自体が書けない〝設定〟となっていた。

〝足枷〟はそれだけではない。書き入れる項目は比較的関係の薄い8項目（①「会合への祝電・メッセージ等の送付」、②「広報紙誌へのインタビューや対談記事などの掲載」、③「旧統一教会関連団体への会合出席（あいさつあり）（講演あり）」、④「旧統一教会主催の会合出席」、⑤「旧統一教会及び関連団体への会費類の支出」、⑥「旧統一教会及び関連団体からの寄付の受領・パーティー収入」、⑦「選挙におけるボランティア支援」、⑧「旧統一教会及び関連団体への選挙支援の依頼、及び組織的支援、動員等の受け入れ」）に限定され、「秘書として教団関係者を採用していたか」「政策決定に影響はあったか」「教団側に便宜供与を行ったか」「教団及び関連団体による後援会結成があったか」など疑惑の核心に迫る設問は一切ないという、不十分かつおざなりなものだった。

そもそも自己申告制の「点検」では、正直に書いた議員が馬鹿を見るという結果となり、保身に走る議員の記入漏れが相次いで発覚した。そもそも、予《かね》てから関係が指摘される特定の議員が一切正直に答えていないにもかかわらず、何のお咎《とが》めもないというお粗末ぶりだ。

その後に統一教会フロント団体が国会議員と交わした推薦確認書の存在も明らかとなり、政策決定への教団の影響が無視できるレベルではなかったことも明らかになっていく。

〈「茂木幹事長による『旧統一教会〜』アンケート。「党として組織的な関係は一切ないことを確認済み」とわざわざ印字。昨日出演したよんチャンTV（MBS毎日放送）でも言及したが、これは「この8項目以上のことは書かないように」との念押し」（2022年8月30日1時11分）

9月8日、自民党本部平河クラブで会見した茂木幹事長は「点検結果の集約」を発表。その際に、〝旧統一教会やその関連団体であるとの認識がなかった議員が9

割〟と発言していた。だが、これは逆であり、これまでの自民党と統一教会の関係からして〝9割が認識して関係を持ち1割が知らなかった〟というのが実情だろう。実際に私が取材した自民党国会議員の秘書は「団体名を聞けばわかる」と話していた。

さらに、党の運営指針（ガバナンスコード）には「今後は一切、教団や関連団体と関係を持たない」と明記する方針が示されたが、この程度のユルい自主点検で幕引きを図ろうとする意図が見え透いた会見だった。

政治家からの圧力

この時期、経済再生担当大臣だった山際大志郎《やまぎわだいしろう》についての『ミヤネ屋』における私の発言が物議を醸《かも》した。

すぐに記憶を失くす山際大臣に対し、「山際さんの場合、事務所の中に統一教会の関係者がいると、ずっと自民党の内部からも指摘されている。であるなら事務所の中でスタッフ、秘書に訊けばわかる筈」と指摘したところ、山際サイドがかなり反発を見せていたようだ。だが、その後の各メディアの報道によって、山際の川崎の地元事務所の秘書の中に統一教会の関係者がいることが判明した。この秘書は私も過去の教団取材でよく知っている人物であり、私の発言内容が裏付けられた格好だ。

〈「山際大志郎事務所に統一教会関係者との指摘」との私の言及について、山際大臣サイドは強硬姿勢を採っているようだ。記者会見など一般メディアの前では猫を被り、裏では圧を掛けるやり口は菅原一秀元経産相を彷彿《ほうふつ》とさせる。今後の展開に注目〉（2022年8月30日9時38分）

山際はその後、10月に統一教会との関係をめぐって大臣辞職に追い込まれた。

メディアの温度差

9月8日、それまで殆ど踏み込んだ報道を行ってこなかったテレビ朝日『報道ステーション』が、珍しく統一教会と政治家の問題を報じた。

その中で2021年6月に衆議院議員会館で開かれた『日本・世界平和議員連合懇談会』の写真が使われたのだが、番組内では「参加者提供」とのクレジットを入れていた。この写真は私が当時、投稿した同連合会長の原田義昭《よしあき》元環境大臣のフェイスブックからすぐに消されると思い保存、各メディアに提供した画像と同じものだった。

そのため「参加者提供」として同番組が報じたことに苦言を呈するツイートをしたところ、旧知の同番組制作スタッフから電話が入り、写真は番組が取材した「参加者」の原田義昭元環境大臣から提供されたものだと説明があった。そもそも同番組の制作サイドが当該懇談会の存在を知ったのは私が提供した写真素材からだったのだが、情報自体に出典を明記する義務はなく報道における道義的な行き違いが起こった例とも言える。その際に番組ディレクターとも話したが、制作サイドでは統一教会と政治家の問題を取り上げたいとの意向を持っていることだけはわかった。

ここでよく指摘される各番組や媒体ごとの報じる頻度、量の問題について触れておこう。テレビ局で見ると、同じ局であっても熱心に取り組んでいる番組もあれば、深掘りをしようとしない番組もある。また、なかなか取り上げないと認識されていた局が、実はじっくりと丹念な取材を続けており、問題を追っていたことが後の特集番組によってわかる事例もあった。

一部の有力政治家が、経済ネタなどと引き換えにして統一教会と国会議員の問題を報じないようメディアの上層部に持ちかけているとの情報もあった。そんな安直なバーター取引に乗るメディアがあるとは思いたくはないが、実際にはそう疑わせるほどこの重大な問題を報じていない主要な報道番組があることもまた、残念ながら事実である。

事件後の各報道からは、どの媒体がジャーナリズムの矜持を保っているかという〝基準〟が見えてくる。

思想的な共鳴から

9月9日には『文藝春秋』10月特別号に、安倍と教団との原点とも言える「反ジェンダーにおける共鳴関係」について寄稿した記事が掲載された。

第2次安倍政権後に深い関係性が発覚した安倍と教団だが、思想的な共鳴関係からの結びつきや連携は、2000年代前半にすでに始まっていたことを示す内容だ。

私は教団が関連団体名義で、2000年代前半に内部の女性指導者向けに行ったセミナーにおいて使われた冊子を入手。2006年2月に印字された冊子には2000年代前半の反ジェンダーバックラッシュの時期の、男女共同参画基本計画に絡めた「反ジェンダー」資料が含まれており、その中に「現在の課題となすべきこと」

として以下の文言があった。

「第二次五カ年計画（基本計画）においてジェンダーという文言を使用させない」

「第三次小泉内閣において猪口邦子《いのぐちくにこ》議員が男女共同参画担当大臣になる。ジェンダー概念に執着」

「安倍晋三官房長官と山谷《やまたに》えり子内閣府政務官でチェックできるように関係省庁、議員に積極的に働きかける」

これはつまり「ジェンダー概念に執着する猪口邦子男女共同参画担当大臣が作成する五カ年計画において、ジェンダーという文言を使用させないために官房長官の安倍晋三と内閣府大臣政務官の山谷えり子がチェックできるよう、関係省庁と議員に積極的に働きかける」ということだ。同記事において、統一教会と自民党内の右派である安倍と山谷の間に思想的な共鳴があり、何らかの協調関係があったことを指摘した。

セミナーの前年2005年4月に、当時党幹事長代理だった安倍が座長を務め山谷が事務局長となる『自民党　過激な性教育・ジェンダーフリー教育実態調査プロジェクトチーム』が結成され、同PTは翌5月に自民党本部8階ホールで『過激な性教育・ジェンダーフリー教育を考えるシンポジウム』を開催した。パネリストとして登壇した安倍と山谷は、男女共同参画基本法やジェンダーを批判。このシンポジウムの責任者として司会進行を行っていたのが萩生田光一《はぎうだこういち》だった。

「統一教会　安倍派工作内部文書　2005年、反ジェンダーバックラッシュ期。統一教会と安倍晋三官房長官&山谷えり子内閣府政務官が共鳴!!　反ジェンダーで弾ける萩生田光一議員の関与は？　流出した内部文書から読み解く原点」（『文藝春秋』2022年10月特別号）

私は、この時期における安倍・山谷・萩生田と教団との〝共鳴〟が第2次安倍政権での緊密な関係に発展していったと見ている。

政治家と教団からの名指し

また一方で、萩生田光一自民党政調会長が某メディアの取材対応中に、「あの鈴木某《なにがし》だけは許さない」と発言していたとの情報も入った。

この「鈴木某」とは状況からして私のことを指して言っているのだろう。もしこの発言が事実だとすると、萩生田の〝激昂〟には思い当たる節がある。

安倍元首相銃撃事件後、萩生田が2022年の参院選前に新人の生稲晃子《いくいなあきこ》候補（現・参院議員）を教団の八王子家庭教会へ連れて行ったことが発覚。萩生田自身も市議会議員時代から足繁く八王子の教団施設へ通い教祖へ媚《こ》びるような発言をしていたことや、信者を選挙運動員として使っていた疑惑が報じられた。教団の野外イベントに萩生田が参加していたとの証言もあった。2014年に八王子で開かれた教団集会に中川雅治《なかがわまさはる》参院議員（当時）と来賓として挨拶していたことや、教団フロント組織・世界平和女性連合（WFWP）に年会費を支払っていたことも、私の過去の記事の資料を引用する形で改めて報じられた。

萩生田は事件後に各メディアから追及を受けた際、教団信者への選挙運動依頼などを完全否定した上で、統一教会本体とその関連団体との関係性についてわかっていなかった旨を弁明していた。だが、その萩生田の抗弁を覆《くつがえ》す証拠を私が公開したのだ。

2019年の参院選最終日、私は秋葉原で萩生田を直撃取材していたのだが、その取材時の音声データから萩生田が教団と関連団体との関係を正確に捉えていたことが裏付けられるのだ。

取材時、私は萩生田へ勝共連合について質問した。すると萩生田は世界平和女性連合の会合には出ていると返答。さらに勝共連合について質問を重ねると「もう壺も売ってないしね」と統一教会の霊感商法の話で返してきた。

勝共連合についての質問に対し、世界平和女性連合や統一教会の話で返しているということは、これらの団体が全て統一教会とその関連団体であることを、萩生田自身がよくわかっているということに他ならない。証拠となる取材音声データを私が各メディアへ提供し、それが報じられたことによって萩生田の弁明が虚偽であったことが明らかとなった。

一連の弁明を覆す証拠音声によって、萩生田は窮地へ追い込まれ更なる弁解に追われた。そこで「自分の嘘を暴いた鈴木エイトを許さない」と逆恨みされたようだ。

政権与党の政調会長が一介のジャーナリストに対して「許さない」と発言したことにより、私を取り巻く環境の危険度は増した。

9月22日に教団は一連の非難を受けて対外的なアピールのためか、教会改革推進本部を新設。以後、会見等で空疎《くうそ》な改革をアピールしていくことになるのだが、同本部の勅使河原《てしがわら》秀行《ひでゆき》本部長が新設直後24日の幹部会議で、「鈴木エイトをどうにかしろ」と発言していたとの内部情報を得た。

自民党の萩生田政調会長と、統一教会本部の勅使川原本部長による発言。改めて政治家と教団、両方から狙われる立場となったとも言えるわけだが、家族の安全面の懸念から地元の警察署は私の自宅を重点パトロール箇所として巡回してくれている。

教団内部会議のデータ流出

9月16日、安倍元首相銃撃事件後の対策を議題とした教団の幹部会議におけるデータを入手した『FRIDAY』がスクープ記事を出した。8月19日に行われた当該ネット会議に出席した関連政治団体の幹部である魚谷俊輔が、政治家との強いつながりが継続されていることを強調。フロント組織と教団の関係や霊感商法等への関わりについても「ファイヤーウォール」「防火壁」が破られている状態だと発言したことを報じたのだ。

同記事では「UPF幹部が明かした自民党国会議員の現状」として「議員の内心は全く変わっていない」「党から〝とにかく静かにして欲しい〟との指示」「表立って発言できない状態」「深く繋がっている他の国会議員も同様」「心は離れていな

い」「（メディア報道には）身を屈めてやり過ごすしかない」などと教団内における政治家との関係性の実態を詳らかにしている。

教団サイドはメディア報道を抑えるために姑息《こそく》な抵抗を続け、9月21日にはUPFが各メディアへ「家庭連合は反社会的団体か？」と問う公開質問状を送信している。

永田町では私の評判を貶《おとし》める目的で作られた怪文書『ハゲタカジャーナリスト鈴木エイト』が撒《ま》かれた。内容からしてこの怪文書自体は、ある政治家と統一教会の疑惑を追っていた2019年に作成されたものであり、当時自宅周辺を探っていた不審者の存在も摑んでいる。

第3章　終わらない闘い

書籍発売

9月26日に書籍『自民党の統一教会汚染　追跡3000日』が発売された。予約状況から発売前に増刷も決まり、翌27日にはアマゾンの書籍売り上げランキングで総合2位になった。

この書籍で詳らかにした内容が社会に浸透することによって、世間の人々の意識が変わっていくことを期待した。なぜなら事件後の推移を見ていて、いくつかの懸念を抱いたからだ。

1点目は連日のように統一教会の問題が報じられてはいたが、さらに掘り下げることの必要性だ。教団が如何にして信者を獲得し、財産を奪い、多くの家庭を崩壊させてきたか。そこではどのような手段で対象者の思考の枠組みを変え、自己破産に追い込まれるほどの借金を背負ってまで苛烈な献金をしてしまうのか、そのメカニズムを細部まで詳らかに提示し、理解してもらうことが重要だと感じた。単なる消費者トラブル的な構造によって起きた事件ではなく、カルト問題が根にあることを示す必要があった。

2点目は、統一教会と政治家の関係についてだ。立憲民主党や共産党が、この問題について国会での追及チームを結成した。統一教会と関係を持つ議員が最も多かった自民党内からも、同じような動きが出てくることを期待したが、保身に走る同党からはそのような動きは皆無だった。それどころか事態は逆行した。岸信介元首相と文鮮明教祖との蜜月関係から一気に2021年9月のビデオメッセージに飛躍し、そこだけを抽出して「安倍元首相は山上容疑者に〝統一教会シンパ〟と勘違いされ巻き添えに遭っただけ」と幕引きされてしまいかねなかった。

政治家と統一教会との関係について何の検証もしないままだと、また同じことが起こるだろう。十分な検証を行い同じような教団の被害者が出ないようにすることが政治家の役割だ。深刻な被害者を生む団体と政治家が密接に繋がることの問題性を検証し、膿《うみ》を出し切らなければならなかった。自民党の一部議員による情報統制を図る動きなどは論外であり、安易な幕引きを許すわけにはいかなかった。

安倍銃撃事件によって様々な問題がクローズアップされ、拡がりを見せた。最も早急に検証が必要とされていたのは、安倍元首相と統一教会との関係性だった。山上容疑者が安倍元首相を「統一教会シンパ」としたことに論理の飛躍はなく、彼がそう思うだけの合理性があったことを、私はまず書籍という形で社会に示した。

衆議院の国会質問では複数の野党議員から、「鈴木エイト氏の著書によると」と前置きしての質問が投げかけられた。私の著書の内容が国会議員の疑惑追及の根拠として使われていくことになる。

私は一切の党派性を排除して取材にあたってきたのだが、偏《かたよ》った思考を持っている人からは理解されていないようだ。9月27日に行われた国葬儀の取材の場でも会場の武道館周辺を走っていた車から、私に向かって「鈴木エイト死ね」との声が飛んだ。

教団の悪あがき

教団は直接、SLAPPを起こす。9月29日、教団が霞が関の司法記者クラブで会見し、統一教会の問題を取り上げた複数のテレビ番組や出演者を提訴したことを明かした。但し、その論拠は脆弱《ぜいじゃく》であり、明らかにメディア報道を抑えようとする意図が見えていた。

10月7日午後、元教団2世信者で祝福2世の小川さゆりさんが、夫とともに日本外国特派員協会（FCCJ）において会見を開いた。会見では統一教会が起こしてきた社会問題の構造や、2世への人権侵害の構図など教団に関する問題点を英訳したチャートが用いられ、海外のメディアに向けて会見を行う意味はとても大きなものだった。

この会見を中止させようと教団は画策する。まず小川さんの親から彼女の人格を貶める内容のFAXを会見当日午前に送信させた。だが、予定通り会見が開かれるとわかり、会見直前にも教団顧問弁護士が法的措置を仄《ほの》めかすFAXを送信した。

2枚のFAXを会見中に示された小川さん夫妻がその内容を会見中に読み上げた

ことで、教団サイドの姑息な手段が社会に知れ渡ることになった。この時の小川さんの毅然《きぜん》とした対応が、その後の世論を動かすきっかけとなっていく。

教団サイドは、自分たちこそ宗教迫害・人権侵害の被害者であるという空疎なアピールを国連相手に行ったようだ。だが国連には取り合ってもらえなかったのか、海外の息のかかった人権団体等を使って「宗教迫害」「人権侵害」「報道被害」といった主張を展開していた。そんな教団としては、日本外国特派員協会での小川さゆりさんの会見が海外メディアで報じられることを何としてでも阻止したかったのだろう。

解散命令請求への動き

教団の宗教法人格を取り消す解散命令請求への動きも加速、10月11日には全国弁連が解散命令請求を求める記者会見を開いた。

17日には消費者庁の有識者検討会が「解散命令請求も視野に入れ、宗教法人法に基づく質問権などを行使する必要がある」との提言や、寄附要求に関する一般的な禁止規範を定めた法制化の検討を求めた報告書を公表した。

同17日には統一教会の解散命令請求を求めるネット署名『統一教会の宗教法人解

散（法人格取消）を求めます』がスタートした。このネット署名には、当事者である2世の他、カルト問題に取り組んできた研究者やジャーナリストらとともに、私も呼びかけ人として参加した。報道番組等でコメンテーターとしても発言する機会の多い学者たちは、社会問題を扱う上でそうした活動とは一線を画して向き合うようにしている人も多い。だが、このケースではなぜ一歩踏み込んで呼びかけ人となったのだろうか。

少なくとも私については、長年この問題に関わってきた立場から、「ここまでせざるを得ないほど酷い団体であり、放置しておくことによる悪影響が大きいこと」、そして「矢面《やおもて》に立つ2世を護るため」との理由から、敢えて呼びかけ人になった。

このネット署名は20万人以上の賛同を得て文化庁へ提出された。

内閣支持率の低下に焦りを抱いた岸田文雄首相は、消極的だった解散命令請求に舵を切る。岸田首相による答弁は、短期間に変遷した。

10月14日には閣議決定で解散命令請求への要件は刑法違反に限ると、慎重論を述べていた岸田首相だったが、17日になって民法７０９条の不法行為も含まれると国会答弁で変化。さらに19日には民法７１５条の使用者責任も含まれるとして、解散命令請求へのハードルを下げたのだ。

国の動きに危機感を抱いた教団は10月22日に教団本部で会見を開く。勅使河原改革本部長は2世問題の解決の取り組みとして、得意げに2世の男性ばかりの新教区長20人を会見場に並べた。自身の置かれた境遇に葛藤を抱いて苦しんでいる2世たちの悩みを、純粋培養された従順なエリート2世信者が理解できるとは到底思えない。2世問題の本質を全く理解していない教団の姿が浮き彫りとなった。

安倍派重鎮の矛盾

11月14日に注目の裁判が開かれた。

青山学院大学の中野昌宏教授のツイッター投稿に対し、2019年に世耕弘成自民党参院幹事長が起こした名誉毀損裁判（及び中野氏からの反訴）の本人尋問だ。

これは世耕について学生時代の統一教会系学生組織との関連を示唆するツイートを投稿した中野教授に対して、世耕が「教団との関連を指摘されることは自身の社会的評価を下げる」として、訴訟を提起したものだ。本人尋問で世耕は統一教会と安倍元首相の関係について、把握していたのは2006年の祝電のみで、2021

年9月のUPF集会へのビデオメッセージを知ったのは安倍の銃撃事件後の報道であり、「到底知りませんでした」と答弁した。

世耕はさらに安倍と統一教会との関係について「党の中でも議論になったことはない」「派閥の幹事会でも統一教会が議題になったことはない」「自分自身が関係がないので他の議員も同様にしていたと信じていた」などと返答。

統一教会との関係をやめるよう安倍にアドバイスしたことも「ありません」とした。

北村経夫参院議員らへの教団の組織的支援についても「知らなかった」「あとから報道で知った」とし、統一教会と政治家の報道を控えるよう各メディアへ働きかけをしたのではないかとの指摘も、「メディアに対して言う立場ではない」と否定した。

であるならば、各メディアは世耕の意向を気にせず報じることができるはずだ。

2020年に中野教授の代理人が送付した反訴状には、私の記事等を基に安倍元首相を始め、自民党議員と統一教会との関係が明示してある。にもかかわらず世耕は、銃撃事件前には知らなかったと答弁した。世耕本人は反訴状も読んでいないということだ。

地方自治体や国への牽制

12月に入り全国の議会や自治体に「旧統一教会との関係を絶つような決議をしないで」との旨の要望書が相次いで届いた。福岡では全50自治体宛てに送られた。その他、信者が統一教会との断絶を決議した市議会を提訴する動きなども見られた。

教団は11月4日から小山田秀生元日本教会会長と柴沼邦彦巡回原理講師を呼びかけ人代表、12双（双は組のこと。各年代の合同結婚式カップルを示す）・777双・1800双・6000双・6500双・3万双・2世の各祝福家庭会を呼びかけ人として解散命令請求を出さないよう求める嘆願書を組織的に集め、12月22日、岸田首相と永岡桂子文科大臣に提出した。

12月、秋の臨時国会で救済新法『法人等による寄附の不当な勧誘の防止等に関する法律』が成立した。「実効性が薄く本来の意味での被害者救済には結びつかない」との指摘もあるが、この手の団体を規制する法律ができたことは、カルト規制の第一歩として評価できる。

ただし、外形的に与野党が協力し被害者救済法が成立したことで、自民党の党内政治家への「点検」と合わせて統一教会の問題、統一教会と政治家の問題が全て終わったかのような空気感を押し出した投稿を年明けにＳＮＳで発信する自民党の政治家が続出。自民党は明らかに幕引きを図ろうとしている。こういう時こそ、メディアは権力の監視という本来の役割を果たすべきであろう。

年明けも続く闘い

２０２２年12月８日に『社会調査支援機構チキラボ』が『「宗教２世」報道量・報道内容調査』を発表。事件後２か月の報道内容を分析し、メディアごとの報道数や取り上げ方の傾向を詳らかにしている。

同調査ではメディアへの資料提供に着目したデータ集計「議題設定のための重要な役割を担う資料」項目において、第２位の全国霊感商法対策弁護士連絡会提供資料を紹介したコーナーが45、私の提供した資料が紹介されたコーナーが１４６で第１位と突出して多いことが示された。

22年最後のテレビ出演はＢＳ－ＴＢＳ『報道１９３０』だった。教団の古参幹部が運営する世界戦略総合研究所の阿部正寿所長がインタビュー取材に答え、第1次政権後、在野時代の安倍を再び総理総裁候補として支援したことを証言した。私が著書『自民党の統一教会汚染』で示した安倍と教団を繋げた〝ルート〟の一つが裏付けられたことになる。

22年7月の事件後、毎週出演していた『サンデージャポン』『情報ライブ ミヤネ屋』は、年が明けても教団と政治家の関係、教団自体の問題を継続して取り上げてくれている。

2023年の年明けも、教団は変わらず献金集めを続けている。2023年5月5日に奉献式を行う韓国の教団聖地・清平《チョンピョン》に建築中の聖殿『天苑宮《てんえんぐう》』の建築資金として、日本人信者に課していた183万円の献金ノルマがあるのだが、この献金ノルマを1・5倍にするよう韓国宣教本部の尹煐鎬本部長が22年末の日本幹部とのウェブ会議で指示したとされる。これは内装にイタリアの高級資材を使用するための追加費用として400億～600億円が必要になったためだという。1000万円以上の献金納付が必要な430代にわたる先祖解怨《かいおん》に関しても、新たな霊媒師として故・文鮮明教祖が降霊した2世信者を準備しているとの情報もあった。

1月11日に関東圏の第1地区で配信された伝道出発式の内容を確認したところ、伝道活動を活発化させていることがわかった。伝道数や実績をポイント制で集計し、地区内の各教会の成和部（青年部）や学舎、エリート2世が暮らすトップガン寮で競わせているのだ。安倍元首相銃撃事件以降、落ち込んでいた伝道数は22年12月には事件前とほぼ変わらない状況に戻ったという。23年1月から3月の『40日路程』における伝道数成績上位者には、田中富広会長との食事会に参加できるという特典も設定されている。

同配信において田中会長は、「日本でキリスト教に対する宗教迫害、クリスチャン狩りが始まった1623年から400年目の2023年は、宗教迫害の絶頂を迎えていく」などと、信者に説いている。教団が起こしてきた社会問題やその被害を何ら省みようとせず、自分たちこそ被害者であり宗教迫害だと責任転嫁しているのだ。全く反省の色なしである。

自民党本部に10人の勝共連合メンバー

2022年8月末に所属国会議員への点検を行った自民党は統一教会との組織的関係を否定した。だが私が当時の捜査関係者から独自に入手した、兵庫県警察本部捜査第一課が１９９０年４月に作成した『国際勝共連合関係資料』のなかに、『政界工作』の項目があり、当時、自民党の本部職員として10人前後の国際勝共連合メンバーがいたことや、同党所属国会議員の秘書が同連合メンバーであることが記されている。

また現在も自民党国会議員の秘書に統一教会関係者が登用されるなど、党との組織的関係が続いているという疑惑もある。２０２２年の参院選前には、30人以上の自民党国会議員が役員として名を連ねる統一教会系議員連合『日本・世界平和議員連合懇談会』の会合が衆議院議員会館で開かれている。それでも党としての組織的関係がないと言い切れるのだろうか。

問題意識の共有

２００２年に統一教会による組織的な偽装勧誘の阻止活動を始めた頃から、私の問題に向き合う姿勢は変わっていない。ジャーナリストとして社会問題を引き起こし続ける教団と政治家の関係を追及し続けてきたが、私の問いかけは一貫している。なぜ嘘を吐《つ》くのか。なぜ社会問題を起こす問題教団との関係を隠すのか。そこを正面から追及してきただけだ。

事件後にも様々な人との出会いがあった。新たな知見を与えてくれた人、以前からの交友と協力の中で、さらに諸問題に向き合うモチベーションを共有できた人。様々な対談企画が組まれ、それらの対話から新たに見えてきたものが多々あった。そんな対話を次章からの「共闘編」でまとめた。各識者とのやり取りを通して多角的な視点から問題の構造を再検証してみたい。

対談時期にも注目してほしい。その時点で話していた内容が、その後どのように推移していったのか。改めて問題点や課題が浮き彫りになったと言えるだろう。

第2部

共闘編

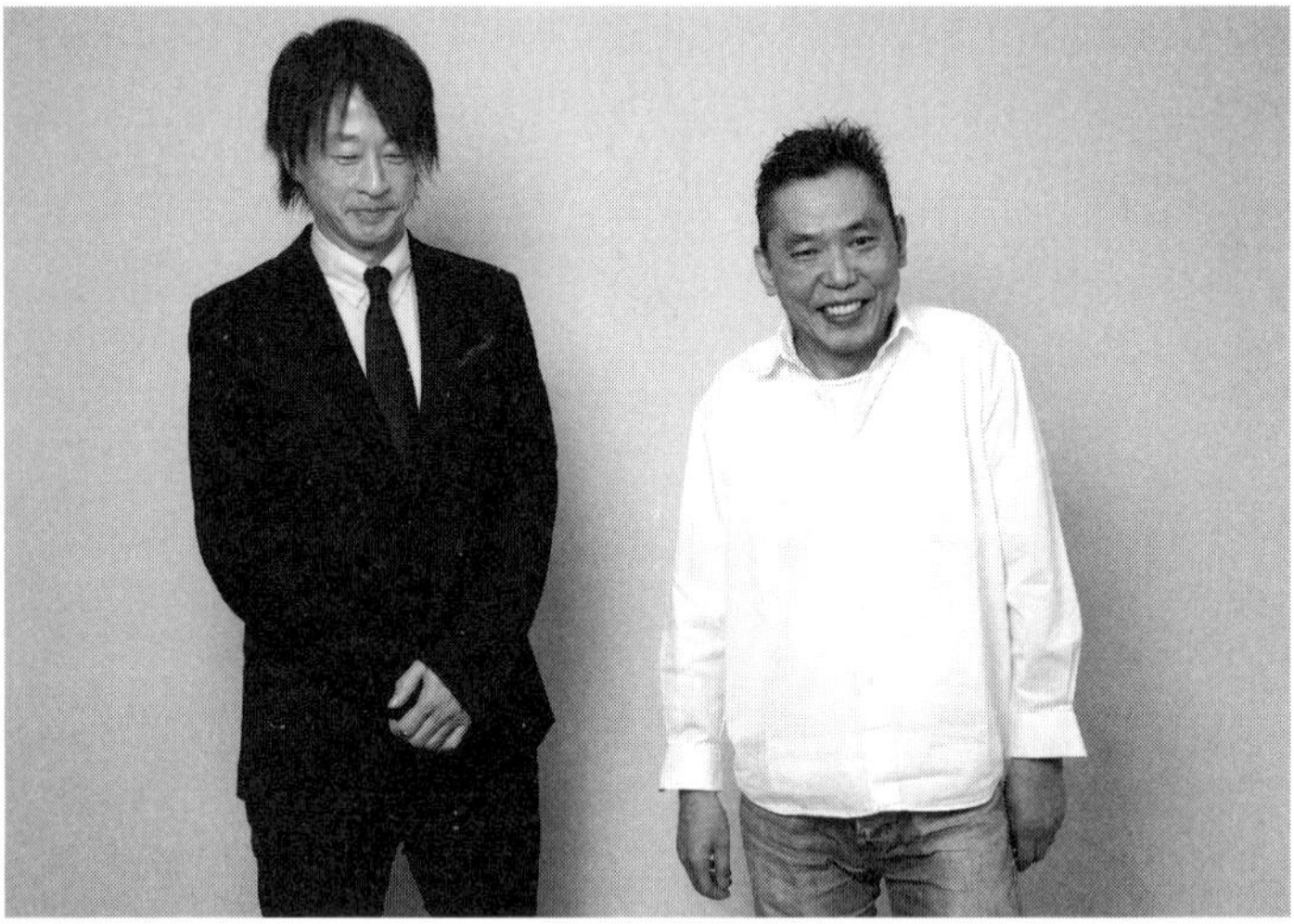

爆笑問題・太田光とも対談

ひろゆき×鈴木エイト

「自民党の自主点検はあまりに杜撰」

２０２２年９月９日収録。初出：プレジデントオンライン

撮影／松永学

ひろゆき／東京都北区赤羽出身。１９９９年、インターネットの匿名掲示板「２ちゃんねる」を開設。２０１５年に英語圏最大の匿名掲示板「４ｃｈａｎ」の管理人に。ＹｏｕＴｕｂｅチャンネルの登録者数は１５９万人。著書に『ひろゆき流 ずるい問題解決の技術』（プレジデント社）等。

銃撃事件後、インフルエンサーの中で最も精力的にツイッターで発信を続けていたのが、ひろゆきさんだ。

２３０万人以上のフォロワーを有するひろゆきさんが関連する情報を連日発信、私のツイートなども挙げてくれていた。初期に発信力のある人物が、「統一教会問題」「統一教会と政治家」についてのツイートを継続して数多く行ってくれたことの影響は大きかった。フランス在住のひろゆきさんとは9月9日にオンラインで対談した。ＴＢＳ『サンデージャポン』でも何度か共演している。『ＡｂｅｍａＰｒｉｍｅ』のひろゆきさんの番組では、現役の2世信者を交えての討論企画にも出演した。浮かんだ疑問を正面から相手に投げかけるひろゆきさんの対話の手法は、実は視聴者が問題の構造を理解する上で最もわかりやすいのではないかと感じた。一般の論客が通常の感覚で統一教会問題について行う発信は、一般の人々と我々カルト問題の専門家の間にある溝を埋めてくれるものとなった。

安倍元首相は存命でも名前が出ない

エイト：自民党は、旧統一教会やその関連団体との関係をめぐる〝点検〟で、党所属国会議員379人のうち、何らかの接点があった議員が179人いたことを公表しました。ただし、今回、氏名が公表されているのは、旧統一教会の関連団体のイベントに出て、そこで挨拶をした人からなんですよね。ただ出席しただけの議員や祝電を出しただけの議員は名前を出していない。

ひろゆき：それで179人というのは、すごいですね。

エイト：旧統一教会のイベントに出席した人は、挨拶をしていなくても名前を公表しているのですが、関連団体のイベントの場合は、挨拶をしていない限り、出席していても名前を公表されない。変なところで線を引いているんです。

ひろゆき：そうすると、安倍晋三元首相が2021年9月にビデオメッセージを出したのはUPF（天宙平和連合）主催のイベントなので、今回の線引きで言えば名前が出ないということですか？

エイト：安倍元首相が存命中だったら、名前を出されていない。しかも、文書では開催日や会合名を書くようになっていたんですが、今回公表したのは名前だけで、各議員がいつどのイベントに出たのか、詳細が一切ないんです。

ひろゆき：この公表結果を見て、各議員がどのイベントで何をしたのかをメディアが調べようとしてもできない。

エイト：そうなんです。例えば、僕はこれまで、ある議員が旧統一教会系のイベントに出たり、祝電を送っていたとわかれば、必ず質問書を出していたんです。たとえその議員が教団系のイベントと知らずに出席したとしても、僕の質問書を見た時点で、それが統一教会系のイベントだったとわかるわけです。そうしたら、もしそれ以降に同じようなイベントに出たら、旧統一教会系のイベントだと知らなかったとは言えないはずなので。

だから、どの議員がいつどんなイベントに出たかを把握しているかは非常に重要なポイントなんですが、それすらも検証できない。「検証逃れ」と言われても仕方がない。

ひろゆき：名前が公表された一人ひとりに、「いつ出席したんですか?」と質問書を送って、答えるのを待つしかないんですね。

エイト：ただ、実際、メディアがぶら下がりとかで質問しても、答えない議員が結構多いそうです。党からの点検にさえ答えれば、それで終わりみたいな。

茂木（敏充）幹事長が、旧統一教会の関連団体の会合に出席した9割近くの党議員が「関連団体であるという認識がなかった」と発言していましたが、「その9割と1割、逆じゃないの?」と突っ込みたくなりますよね。

ひろゆき：さすがに政治家をやっていて、旧統一教会と関連があるかを全く知らないというのは考えにくいですよね。生稲（晃子）さんは1割に入れてあげてもいいと思いますけど。

エイト：おそらく、おニャン子好きのおじさんに会いに行かされた、ぐらいのニュアンスでしょう。そもそも、議員に報告を求めた文書の冒頭には、「党として組織的な関係は一切ないことは既に確認済み」と書いてあるので、組織性があることをまず書けないいんですよね。しかも2枚目の質問内容も8項目しかなくて、一番重い質問でも「選挙の支援を受けたか」というレベルです。

秘書を受け入れていたか、教会関連の泊まりがけの講習を受けたか、教団に便宜を図ったか、政策に影響を与えてきたかといった肝心な質問は一切ありません。最初から一定の枠を決められていて、これ以上のことは書くなよという前提のもとに出された点検結果ですよね。

そもそも自己申告制という時点で、すでに報道されている以上のことは出ないだろうとは想定していたのですが、単に名前だけで、それも一部しか公表していないので、これは点検と言えるのかなと。

わざと支持率を下げたいのか

ひろゆき：おそらく、これを見て国民もメディアも、「これなら自民党、大丈夫だよね。この件は終わり」とはならない。逆に、自民党はこれを出してどうする気なんですかね。

エイト：でも、茂木幹事長は「他党よりも詳細な項目で事実確認した」と、やたら自信満々なんです。党改革実行本部がタスクフォースを作って、きちんとチェックする体制を整えて、「今後は一切関係を持たないということを徹底していきたい」と言っている。

でも実際は、安倍元首相にも細田（博之）さんにも切り込めないし、安倍派はもう放任状態なんですよね。

しかも、この点検結果をどの範囲まで公開するか、どの議員まで名前を出すかを岸田首相や麻生（太郎）さんと相談しているんですが、そのメンバーの中には萩生田（光一）さんもいるんです。もちろん政調会長という党の要職に就いているので、そこに居ることはおかしくはないんですが、〝ズブズブの関係〟と報道されている人がそういう判断をするところに入っていていいのか、と当然なりますよね。

ひろゆき：これで、今後は関係を持たないのであればいいのですが、旧統一教会との関係を誇りに思っていると発言した北海道の議員とかいましたよね。茂木さんとしては、党として今後は一切関係を持たないということを徹底すると言った以上、自民党として除名とかをせざるを得ないじゃないですか。でも、そんな話は出てこない。

エイト：地方議員にも徹底すると言っていますが、本当に実行力があるかというと疑問は残ります。

ひろゆき：おそらく、茂木さん自身は関わりがないから自信満々だと思うんです。ただ、この調査結果で国民が納得して内閣支持率が上がるかというと、その可能性はほぼゼロだと思うんですけど。

エイト：そもそもこの点検をやったのは、内閣支持率がここまで下がってヤバいから、支持率を上げようとしたからです。その対応策がこれなのか、という話ですよね。

ひろゆき：こうなると、「わざと支持率を下げたいのではないか疑惑」が出てもおかしくない。

「マザームーン」がリストにない

エイト：今回の点検結果で、選挙の支援を依頼したり組織的支援や動員を受け入れたと公表されたのは2人で、そのうちの一人は井上義行《よしゆき》参院議員です。教団の集会で「食口《シック》（信者）になりました」と言われた音声が出ているので、もう逃れようがないですからね。

もう一人が斎藤洋明《ひろあき》衆院議員で、今まではあまり名前が出てこなかった人です。旧統一教会系の議員連合に2年連続で参加していたことは把握していたのですが、前回（2017年）の衆院選（小選挙区）では50票差で負けているんです。2021年の衆院選は旧統一教会の支援を受けて、組織票でなんとか当選したという人です。

どちらかと言えば、この人は今回の調査で正直に答えちゃったんですよね。組織的支援や動員を受け入れたと。選挙支援を受けた人が2人だけのはずがないので。

ひろゆき：韓鶴子《ハンハクチャ》氏を「マザームーン」と呼んだ山本（ともひろ）さんが抜けてい

るのが、すごいですよね。

エイト：正直者がバカを見ている。選挙支援を受けたのはこの2人ですってバーンと発表されてしまって。他にもっといるのに、なんかかわいそうですよね。

ひろゆき：井上さんは、もともと安倍元首相の秘書官ですからね。

エイト：そうです。そっちのラインなので、調べない限り、いろいろな疑惑は出てこないと思うんです。

今回の調査結果で、山本さんは関連団体の会合で挨拶をしたリストには名前があるんですが、マザームーン発言をしたのは関連団体じゃなくて、統一教会本体の式典だったんです。なのに、「旧統一教会主催の会合への出席」のリストには名前がない。

マザームーン発言をした記憶がないのか、思い出したくないのかわかりませんが、とにかくあらゆる面で杜撰《ずさん》です。

ひろゆき：これで逃げ切れると思っているってことですよね。「会合でマザームーン発言しましたよね？」と質問されたら、ノーコメントで逃げ回るか、電話してるフリをするか（山本事務所は「当初、関連団体の案内であったが、改めて確認したら教団本体の会合と判明した」として自民党が結果を公表した翌日に党本部に修正を報告）。

エイト：僕が2017年の秋の衆院選で山本さんに直当《じかあ》てした時も、そんな対応でした。

最初は普通に気さくな感じで話していたのが、マザームーンという言葉を出した途端に顔がこわばって。こちらが出した名刺をポケットにねじ込んで、秘書に「警察を呼べ」と言って、危うく警察に捕まりそうになりました。

その時、山本さんは防衛副大臣だったんですが、ジャーナリストの追及を受けて警察を呼んだんです。さすがに自衛隊は呼べなかった。その後すぐに「直撃取材に警察を呼んだ〝自己防衛〟副大臣」というタイトルの記事にしました。

ひろゆき：質問をしたジャーナリストを逮捕したとなったら、結構大きな問題になりますよね。

エイト：向こうとしては、選挙活動を邪魔されたという言い分なんでしょう。まあ、確かに食い下がって、ずっと質問は投げていたんですが。選挙自由妨害で捕まえようと思えば逮捕された可能性もありました。

ひろゆき：エイトさんって、リスクをずっと負い続けていますよね。

エイト：まあ、そうですね。でも、国政選挙の時ぐらいしか議員に直当てはできないんです。ふだんは取材を申し込んでも逃げ回られるので、唯一本人に直接取材できるチャンスが選挙の時なんですよね。

ただ、安倍元首相の銃撃事件があって、政治家の警護はかなり厳重になると思うので、今後やりにくくなるのは確かです。

ひろゆき：今回、各メディアが旧統一教会と政治家の関係を追及していますけど、過去の調査をそこまで頑張ることが、はたして本当に意味があるのかとは思っていて。それよりも、重要なのは、未来をどうするかですよね。
まず文部科学大臣の権限で調査して報告させて。それで、教団がもう二度とこういうことをやりませんと言うのなら、そのまま残り続けるでもいいし、宗教法人格を失って任意団体になるパターンもあるかもしれないですし。いずれにせよ、政府の権限で調査をすべきですよね。

エイト：そうですね。実際、そんなに大規模なことしなくても、疑惑の本筋はそんなに多くないので、そこさえ調べてしまえば、もうそれでいいと思うんですよ。祝電を打ったとか、教団系メディアに出たとかはどうでもいいので。
個々の接点がどうかは重要ではなくて、本筋は「誰がやらせていたか」ですよね。

安倍元首相に汚名をかぶってもらう

エイト：山本議員にしても、いろいろな教団イベントに出席しているんですが、2016年にネパールに行く時に、羽田空港から「はてさて、今回はどこに行かされることやら。。。」とSNSに書いているんです。自分の意思ではなく、誰かの指示で行っている。

その指示を出していた人物は誰なのかを突き詰めていくと、数人に絞られます。だから、そこと教団の関係さえ押さえて明らかにすれば、もうそれでいい話なんです。

自民党と統一教会の問題に関しては、その人物にペナルティーを与えた上で、次のステップに移行すべきだと思います。

ひろゆき：死んだ人を悪く言うのはよくないという論理もあるんですが、前参議院議長の伊達（忠一）さんが、過去の参院選で安倍元首相に旧統一教会の票を依頼したという報道がありましたよね。

申し訳ないんですけど、安倍元首相に汚名をかぶっていただいて、自民党は生き残るというほうが、日本社会のためにいいんじゃないかな、という考え方もありますよね。

エイト：実際、死人に口なしで、安倍元首相に全部おっかぶせて逃げる人は当然出てくるでしょう。もちろん、本人は亡くなって弁明できないので、われわれ報道する側も安倍元首相の追及は、ファクトベースで慎重にしなければいけないですが。

その上で、自分の責任を逃れるために安倍元首相に責任をかぶせる人をどこまで許容するか。今後の浄化のためには、その政治家もこのまま生きながらえさせるのか、徹底的に排除するのか。そのあたりは、世論がどうなるかによるでしょう。

ひろゆき：僕は、国葬をやって安倍元首相とその業績をたたえたい人を納得させて、その後、汚名をかぶせまくって、いろいろ問題もあったよねという状況にして、すべてオープンにして幕引きするのがいいのかなと思うんですよね。

エイト：国葬を2か月も引っ張ったのは、ちょっとマズかったですかね。

ひろゆき：先延ばしした結果、国葬の反対派が多くなってしまって、海外の要人もあまり来ないですからね。

エイト：7月12日の安倍元首相の葬儀の時に、増上寺《ぞうじょうじ》前にあれだけ人が集まって、ボロボロ泣いて叫んでいる人までいた。あの状況を見て岸田首相は、国葬すべきだと思ったのかもしれないですが、その後どんどん安倍元首相の評価が下がり続けているので、完全にそこを読み違えたのかなと。

ひろゆき：読み違ったのか、わざとやっているのか。安倍元首相の汚名がどんどん増えているじゃないですか。本人も弁明できないので。だから、国葬反対の意見が徐々に増えている。こうなると、岸田首相はそれを見越してわざと遠い日程にした気もしてきます。

エイト：だとしたら、かなり策士ですね。どこまで絵を描いてたのか。

ひろゆき：安倍元首相の銃撃事件の直後は、選挙も弔い合戦のようになって、自民党が大勝して、安倍派も強かったですからね。だから、それを崩すには安倍元首相の評価を下げるべきだよねと岸田首相が考えたとしたら、それは正しいと思うんです。

エイト：なるほど。

ひろゆき：ところが、安倍元首相の清和会（清和政策研究会）の支持は下がったけど、自民党も自分の内閣の支持率まで下がってしまって困っている。

疑惑の中枢はごく数人

エイト：結局、事件前はみんな、統一教会を反社会的団体で社会的な問題だという認識ではなかったんですよね。

そういう認識があっても、大半の政治家は、この団体と付き合っても、別にそれがバレても大した騒ぎにはならないだろうと、今もその感覚だと思うんです。なぜ今まで問題にされなかったのに、急にこんなに責められるの、と。

関係を持っていたらマズい反社会的な対象ではなかったので、議員たちが戸惑って揺れているのが現状なのかなと。

ひろゆき：接点の少なかった人ほど先に言ってますよね。国民民主党の玉木（雄一郎）代表が計3万円もらいました、とか。さっさと経緯を説明したから、それで終わりなんだろうなと。

エイト：きっぱり言える人は、もうそれで終わりなんですよね。でも、本当の疑惑の中枢の人はそれでいいのか？　疑惑の中枢はごく数人なんです。安倍元首相は亡くなっていますが、他に何人かいるので、そこだけを追及すればいい。

ひろゆき：問題は、そこを追及する気が自民党内にないことですよね。追及したらどんな球が出てくるか。

安倍元首相が中枢だったとか清和会が困ったとか、萩生田さんが批判されるぐらいなら、自民党は乗り越えるだろうから、もっと大きな球を持っている気もしています。

エイト：（岸田首相の）宏池会が清和会を外すためにやっている、といったストーリーだったら話は単純なんですけどね。

ひろゆき：それぐらいのダメージなら自民党崩壊まではいかないので。数十人ぐらいの議員がダメージを負っても与党は揺るがないだろうから、それができないほどのカードがあるのかなと勘繰《かんぐ》ってしまう。

エイト：そこまでのカードはない気がするんですけどね。

ひろゆき：僕もないとは思うんですが、合理的に考えたら、このまま行っても傷はどんどん広がるだけじゃないですか。支持率はどんどん下がるし、景気も悪くなる。内閣支持率が上がる可能性がほぼない状態で、この問題を引っ張り続けるメリットが何かあると岸田首相が判断しているとしたら、ものすごいデメリットがどこかにあるという話になりますよね。

エイト：次の国政選挙まで3年。岸田首相が政権を引っ張っているから自民党を浄化できるのかなと期待はしているのですが、もう少し動いてほしいですね。

ひろゆき：先ほどの元参議院議長の伊達さんが言っていた安倍元首相が統一教会票を差配していたという件は、もう〝黒〟だと思うんですけど。

エイト：そうですよね。

ひろゆき：青山（繁晴）議員もブログで、「所属する派閥の長から（旧）統一教会の選挙の支援を受けるようにと指示されたが、断った。そのため派閥の長は、その分の票を別の議員に割り振ったようだ」と、ある議員から聞いたと書いていましたよね。

エイト：あれは2016年の話なのですが、細田（博之）さんのことを指しているんです。

ひろゆき：そうだったんですか！

エイト：あの時期に全く同じ話を聞いていて。ある議員が断ったから宮島（喜文）さんのほうに行ったと。伊達さんがあのように言ったこともあわせて考えて、あの時の派閥の長は細田さんだったので、青山さんが言っているのはおそらく細田さんで間違いないでしょうね。

ひろゆき：名前を出さなかったがゆえに、勝手に安倍元首相だと思い込んでしまった人もいたかもしれませんね。

エイト：あの時点で、統一教会の件では、安倍元首相と細田さんは連動して動いていたフシもあるので、安倍さんが絡んでいたと見るのも、あながち間違いではないのかもしれませんが。

菅さんはもっと追及されるべき

ひろゆき：じゃあ、疑惑の本筋だと思われるのは、安倍元首相、細田さん、萩生田さんとかですか？

エイト：旧統一教会に関しては細田さんは受け身的な印象もありますけどね。僕が取材した限りでは、積極的に統一教会との関係を切り開いてきたと言えそうなのは、安倍元首相、萩生田さんあたりではないかと。あと、実は菅《すが》（義偉《よしひで》）さんも、そうしたフシがあります。

ひろゆき：そうなんですか？

エイト：菅さんは教団との関係性はあまり表に出ていませんが、もっと関係性を追及されるべき人だと思います。

ひろゆき：どんな関係があるんですか？

エイト：最初に北村経夫議員を統一教会の地区教会へ極秘に派遣したのも菅さんですし、２０１７年5月に統一教会の北米大陸会長ご一行様を首相官邸に招待したという指摘があるんです。菅さん自身は否定しているんですが。

でも、当の北米大陸会長が「ヨシヒデ・スガが首相官邸に招待してくれた」と韓国から全世界へ配信された教団系メディアで発言していますからね。

ひろゆき：あー、ありましたね。

エイト：現時点では直接的な物証があるわけではないのですが、菅さんは本来もっと追及されてもいいと思います。

ひろゆき：菅さんが安倍元首相の国葬で友人代表として追悼の辞を述べるのは、純粋に関係が深いからなのかと思っていましたが、統一教会ラインですと言われると、つながるわってなっちゃいますね。

エイト：旧統一教会とどういう関係性だったのかは、これからさらに検証しなければいけないので。

ひろゆき：検証できるんですかね？

エイト：とりあえず、僕はします。

ひろゆき：了解です（笑）。

エイト：お楽しみにということで。

【対談後記】

危惧した通り、その後も十分に統一教会と政治家との関係性を追及できているとは言えない状況が続いている。多くのメディアは「空白の30年」による弊害の結果を目の当たりにしたにもかかわらず、本来の報道の姿を取り戻せていないメディアが多いと感じた。

対談で言及された「政府の権限での調査」「疑惑の本筋」の調査は一向に行われていない。

そしてやはり「死人に口なし」とばかりに安倍元首相に責任を被せて追及から逃れようとする政治家たちの姿を、国民は目にすることになった。

追及を受けていない〝大物〟政治家たちと教団との関係の検証が必須だと、改めて決意させられた対談だった。

紀藤正樹×塚田穂高×鈴木エイト

「妨害や誹謗中傷に負けず、問題を訴える」

２０２２年９月17日収録。初出：週刊ポスト

きとう・まさき／１９６０年生まれ、山口県出身。90年に第二東京弁護士会に登録。「霊感商法」被害に取り組む全国霊感商法対策弁護士連絡会に所属し、２００１年にリンク総合法律事務所を開設した。著書に『マインド・コントロール』（アスコム）等

つかだ・ほたか／１９８０年生まれ、長野県出身。東京大学大学院人文社会系研究科で博士課程修了。上越教育大学大学院学校教育研究科准教授。新宗教運動・政教問題・カルト問題などに取り組む。著書に『宗教と政治の転轍点　保守合同と政教一致の宗教社会学』（花伝社）、編著書に『徹底検証　日本の右傾化』（筑摩選書）等

『週刊ポスト』で「追及三銃士」として鼎談した。

両氏とも長い付き合いになる。私は全国霊感商法対策弁護士連絡会（全国弁連）とは協力関係にあるのだが、同弁連の中心メンバーである紀藤弁護士とはカルト問題に取り組む国際機関ＩＣＳＡ（International Cultic Studies Association＝国際カルト学会）が毎年夏に開く欧米でのカンファレンスへ15年前から一緒に度々参加してきた。

所属弁護士や識者などが集う全国弁連の会議にも毎回参加しているが、その場で10年ほど前に知り合ったのが、当時國學院大学の助教だった宗教社会学者の塚田穂高さんだった。

現在は、上越教育大学で准教授として教鞭《きょうべん》をとる塚田さん。学者・研究者としての視点の深さには敬服するばかりだ。２０１７年に筑摩書房から発刊された共著『徹底検証　日本の右傾化』にも統一教会と政治家の問題を書かせてもらったのだが、その編著者が塚田さんだった。

両氏ともに日本脱カルト協会でも交流がある。また、２０２１年７月、私のテレビ番組出演を紀藤弁護士が推薦してくれたとも聞いている。カルト問題に取り組む弁護士と研究者。実に心強い援軍である。

同じ轍を踏んではいけない

塚田：地方の大学で宗教と政治の関係やカルト問題などを研究しています。安倍氏の事件後、巻き込まれるような形で統一教会関係の取材や発信が増えました。エイトさんからは、10年以上前から統一教会と政治の問題を教えてもらっていました。

エイト：事件前までは、多くのメディアから「教団名を出さないでくれ」「カルトという言葉を使わないように」と散々注意されてきました。だから今、テレビのアナウンサーが統一教会を名指しして言及しているというギャップに、ちょっと驚いています。ただこれまで統一教会を取り上げてこなかった悔恨から、今度こそきちんと報じようというメディア側の熱意も強く感じます。

紀藤先生も30年以上、弁護士という立場から統一教会がもたらす被害に警鐘《けいしょう》を鳴らしてきましたよね。

紀藤：1992年の合同結婚式騒動の時も、最初は統一教会を批判する報道がほとんどなく、擁護的なニュースが多かった。合同結婚式が終わってから統一教会批判が増えたんです。今回も僕らやメディアがひとつひとつ事実を積み上げていくことで、世の中の流れが変わりつつあると思う。

エイト：塚田さんは大学に所属しながら、このリスクのある新宗教問題に取り組み続けている。実情と紐《ひも》付けて研究を続けている学者さんはほとんどいませんよ。

塚田：もとは霊感商法対策弁連の集会などで被害者家族が苦しむ姿を見て衝撃を受け、この問題を看過できないと感じました。学者は従来、「中立」で「客観的」であることがよしとされてきました。ところがオウム真理教事件の際、そうした姿勢が通用しないばかりか、教団の言い分を垂れ流し「擁護」するような醜態《しゅうたい》をさらしてしまった。

同じ轍《てつ》を踏んではいけないという危機感もあります。被害や問題に目を向け、教育の場でもカルト問題をどう伝えていくべきか実践しています。おかげで学界では「切り込み隊長」扱いですが。

紀藤：大学の先生がこの問題に取り組むことは、本当にありがたいことなんですよ。

弁護士事務所などと比べれば大学のセキュリティは高いとは言えず、手厚く守ってくれるわけではありません。そのリスクを抱えながら発信してくれることに感謝しています。

尾行、撮影、嫌がらせ電話

塚田：個人情報の特定などのリスクで言えば、地方に住んでいる私よりも、おふたりは統一教会との直接の攻防が多かったのではと思いますが。

エイト：僕は2002年から街頭で統一教会の勧誘阻止活動をしていますが、その場で勧誘していた男が激高して殴りかかってきたことがあります。その瞬間に「ラッキー、これで現行犯逮捕できる」と思い、殴られたほうが殴ったほうを追いかけることに。渋谷駅周辺をぐるぐる回ってコントのような捕り物だったけど、結局逃げられた（苦笑）。尾行もしょっちゅうでしたね。交番を通りすぎるタイミングで振り返ると尾行している男がピタッと止まるので、そこで首根っこを捕まえて警官に突き出すということをよくやりました。信者は正直で「教団本部から言われて尾行した」と白状していました。

紀藤：昔は監視カメラがなかったから尾行や張り込みをされることが日常茶飯事で、僕もエイトさんみたいに不審人物を捕まえようとしたことがあります。でも本気で逃走しようとする相手を捕まえるのは難しく、ほとんどが逃げられる。張り込みをする人というのは、体力のある若い人が多いんですよ。警官が手錠や腰縄を常備することには理由があるとわかりました。

エイト：渋谷で僕を殴った男も、死に物狂いで暴れて逃げた。そんな相手を押さえつけるのは、確かに無理ですよね。

紀藤：昔の電話は受信の音を消せなかったから嫌がらせ電話の対応も大変でした。カルト教団に限らず弁護士は、基本的に他人の争いごとに関与するから危険な目に遭いやすいですね。事務所の前にバンが止まり、人の出入りを全て撮影されたこともあります。

エイト：あとはつい先日、萩生田光一政調会長が周りに、「あの鈴木某はゆるさない」と発言していたと聞いたんですよ。〝鈴木某〟とは誰なのか、質問状を出して聞いてみたいですね。

塚田：私はさすがに尾行されたり殴られたりした経験はなく、他教団の職員に詰問されたくらいですが、ＳＮＳで発信するようになって嫌がらせが増えました。特にツイッターは執拗に絡んでくる人が多い。

紀藤：匿名アカウントによる誹謗中傷《ひぼうちゅうしょう》は大きな問題です。ただし僕の批判をする人の中には本当に苦しんでいる信者もいて、ＳＮＳを通じてその信者を説得できる可能性がある。だから安易にブロックはしないようにしています。

塚田：安倍氏の銃撃事件以降、私も取材依頼が相次いで生活がガラッと変わりました。

エイト：本当に激変しましたね。僕はもともと突撃系ＹｏｕＴｕｂｅｒと思われていたのか取材を受ける機会が少なかったけど、７月中旬からはテレビや雑誌の仕事が増えてかなり忙しくなりました。メディアが取り上げないことを地道に取材してきたのが評価されたのだと思います。もともと犯行が発端になっていることは別途しっかり考えないといけませんが、あの銃撃により長年の問題が顕在化したのは事実です。

塚田：事件の数日後、「宗教と政治家が付き合うのは当然」「統一教会も30年前に騒がれただけ」といった言説がSNSで流布しており、これはマズいと思いました。そこで、2007年から2010年に教団関連の複数企業が、特定商取引法違反等で続々と刑事摘発されたことを一覧表付きでツイートした。すると580万人がそれを見て、様々なメディアから取材が来るようになり、驚きました。デマを何とかしたいというモチベーションが強いです。

エイト：あれは相当バズっていましたよね。

塚田：でもツイートした内容も、2012年に共著で出した本（『宗教と社会のフロンティア』）に書いてあるものなんですよ。これはエイトさんも同じだと思いいますが、ずっと事実として集積・発信してきたものを今再掲するだけで多くの反響があった。結局はそういうものが強い。世間に共通認識として持ってもらうためにも、事実の蓄積と提示をし続けることが重要ですね。

エイト：今は個々の政治家と統一教会との関係が取り沙汰されていますが、教会に便宜を与えたり、体制の保護に関わった政治家はごく一部です。それが誰だったかという「本筋」をきちんと追っていく必要があります。

塚田：統一教会は「宗教と政治」一般の問題として論じると、わかりにくくなる。そうではなく、霊感商法や強要的な高額献金で莫大な被害を生んだ団体と、政治家がズブズブの関係で来たことが問題の本質です。「宗教が政治に関わるのは禁止」といった誤解を解くスタンスを心がけています。

紀藤：おっしゃる通りです。法令違反で摘発が相次いだ団体と同時並行的に付き合うことを続けるのは異常です。当時から自民党が十分な「ガバナンスコード（統治指針）」を持っていれば、この問題で安易な開き直りはしなかったはず。自民党のものの見方は甘すぎた。
かといって、統一教会の関係者と完全に付き合うなとは言いません。統一教会の機関紙である『世界日報』のニュースの裏づけ取材で、『世界日報』を取材できないことはありえません。事実には党派性がないから、事実を突き詰めようとする時に統一教会の関係者との交流を一切禁じることはおかしい。それでは被害者の救済もできなくなる恐れがあります。

エイト：今まさにその問題が起きています。ある国会議員のところに統一教会の現役の2世信者が相談に行ったら、「党として関係を断つ以上、相談に乗れない」と言われた。その2世は地元の地方議員に回されましたが、そこでも相談を断られたそうです。これでは2世の人権が護れない。

紀藤：今は教会との関係を断つことばかり強調されますが、関係を断たない場合にはどういう場合があるのかまで論点が詰められていない。

田中会長も被害者のひとり

紀藤：政治家のセキュリティー意識の低さは問題です。10人以上の大臣経験者が統一教会に食い込まれるのは、日本の政治にとって脅威でしかない。政治家とはどうあるべきかを教える人が、政治家のなかに少なくなったのではないか。

エイト：自民党の調査でも47％が統一教会と関係した。それも表向きの調査だから実際はもっと多いはずです。統一教会側から見れば、イベント代や車代など合わせて相当なお金を政治家に「投資」している。

塚田：安倍氏が亡くなるまでそれが当たり前だったんだから、本当に驚きですよ。

エイト：国葬は一つの区切りになるでしょうが、教会の稚拙《ちせつ》な会見や自民党の対応のまずさもあり、色々なトピックがどんどん出ている。まだまだネタが豊富で、すぐには沈静化しないでしょう。他方で長期的には下火になっていくでしょうが、2世や信者の人権問題にメディアが関心を持ち続けることが求められます。

紀藤：僕の最終的な目標は、現役信者を含めて統一教会の被害を解決することです。

極論ですが、僕は韓鶴子（総裁）と側近以外の教会関係者は被害者だと思います。日本教会の田中富広会長の周りにも悲しんでいる親族がたくさんいるはずで、田中会長ですら救わないといけません。

先頭に立つ人ですら、被害者的側面もある。エイトさんにも、テレビでもっと被害者救済を訴えてほしい。

エイト：もちろん僕自身、これからも被害者救済の流れを作っていきたい。僕は塚田さんが、学者という難しい立場で問題解決のために取り組み続けていることを知っているので、塚田さんにももっともっと出てきてほしいですね。

塚田：がんばります。いろんな立場の人間がそれぞれ事実を積み上げ、ワンチームで問題解決につなげられればと思います。

【対談後記】

宗教団体と政治家の関係性の問題ではなく、反社会的な団体と政治家とのかかわりの問題であることを明確な論拠で示すことができた対談だった。また、どこまでを被害者として見るかという対話もできた。

自民党の掲げる「ガバナンスコード」については、本部や地方組織へ徹底するとしていた。だが、関係を断たないケースが多々見られており、党内点検の甘さが表出している。

この時に話題となった被害者救済への流れはその後どうなったのか。江川紹子《しょうこ》さんとの対談でも焦点となった。

江川紹子×鈴木エイト

「解散命令請求に向けて」

2022年11月4日収録。初出：Yahoo!ニュース オリジナル 特集

撮影／長谷川美祈
聞き手／森健

えがわ・しょうこ／1958年、東京都生まれ。早稲田大学政治経済学部卒。神奈川新聞社を経て、独立。1989年、オウム真理教の問題をいち早く取材。著書に『「オウム真理教」追跡2200日』ほか多数。1995年、菊池寛賞受賞。

事件発生からもう少しでひと月となる8月上旬、私はと言えばメディア出演依頼が相次ぎ多忙な日々を送っていた。そんな中、思いがけない人からメッセージが届いた。江川紹子さんだった。オウム真理教事件当時の自身の経験を基にアドバイスをくれたのだ。江川さんからのメッセージ内容を要約すると〝大変だと思うけど人生のうちで踏ん張らなければならない時期がある。心から応援している〟との内容。私の体調を気遣う言葉もあった。

オウム真理教事件の際の江川さんを取り巻く状況の大変さは私の比ではなく、文字通り命の危険まであった。御礼の返信をすると、〝50m走なら息を止めて一気に駆け抜ければいいがもっと長い距離を走らなきゃならないのだから無理にでも自分でルールを作って仕事に優先順位をつけ、睡眠時間を確保するように〟とのアドバイスも。さらに〝返信しなくていいから1分でも多く寝るように〟とのメッセージが来た。本当に嬉しかった。

なお対談の聞き手はジャーナリストの森健さんである。事件後、早い段階でコンタクトしてくれた森さんとは意気投合し、森さんと『文藝春秋』取材班による『文藝春秋』九月特別号掲載のレポート「安倍元首相暗殺と統一教会」に協力させていただいた縁もあった。同記事はこの年の『文藝春秋』の読者賞を授与されている。

消費者庁の報告書

――消費者庁で行われてきた「霊感商法等の悪質商法への対策検討会」が10月半ばに報告書を出し、解散命令請求にも言及しました。どう評価しますか。

エイト：「解散命令請求をすべき」という提言ではなく、「解散命令請求をするために質問権を行使してください」と、とどめたところがよかった。

江川：報告書の提言として〝加減〟をよくわかっていたのがいいですね。こういう報告書は強すぎる主張になると、逆に実現性が乏しくなる。今回は、ほどよく背中を押した。

――質問権の行使に際しては、所管の文化庁だけではなく、他省庁からも応援が入りました。

エイト：国税庁、金融庁、警察庁、そして法務省から2人ずつ8人。

江川：応援が入ったのは、事実関係で証拠を固める仕事の人たちですよね。そこで証拠を集めて、相手に突きつけて説明させるわけでしょう。ただ、あの団体でお金に関して難しいのは、信者が外国にお金を持っていってしまうところです。

エイト：日本の宗教法人から韓国の宗教法人の財団に送っているお金と、信者個人が韓国の宗教法人に先祖解怨として直接送っているお金、そして日本の信者が韓国の行事へ参加する際に、外為法限度額の約100万円を運ばせるとされる3種類があります。この韓国への送金ルートは何らかの不法行為に問えるのではないかと、司法関係者から聞いたことがあります。金融庁や国税庁が入ってきているので、教団側の危機意識は高まっていると思います。

オウムの前例

――過去に解散命令が出た団体には、地下鉄サリン事件など複数の殺人事件を起こしたオウム真理教や霊視商法詐欺事件で多額の献金を信者から取り立て、有罪が確定していた明覚寺《みょうかくじ》があります。これらの事例を見ても、重要なのは宗教法人の解散だけではなく、その団体から損害賠償などでお金を取り上げ、団体が存続できないようにすることのようです。

エイト：私が得ている情報では、教団の本部がある韓国の財団には数百億円ほどの現金資産があるそうです。もともと、これまで日本の旧統一教会は日本の信者から集めたお金を、韓国の財団に年間数百億円も送金してきた。損害賠償も大事ですが、その前に韓国への送金を止めるような仕組みをつくらないと、実質的な損害回復はできないと思いますね。

江川：オウムのケースで言えば、解散命令が出されると、法人解散の手続きをする弁護士の「清算人」という人がつきます。その清算人が財産を差し押さえることを最初にしていたのですが、すぐにオウムが破産したので、「破産管財人」という弁護士に引き継いだ。その破産管財人がいろいろなところからお金をかき集めていった。あの時は特例法をつくって、国や自治体の債権よりも被害者救済を優先することになって、被害者に何回かにわたって少しずつお金を配当していきました。

――とすると、もし旧統一教会に解散命令が出されたとしても、清算人がつくところがスタートになるわけですね。

江川：そう。だから、それまでに教団関係者が（資産を）隠してしまう可能性はありますね。不動産は差し押さえできるとしても、現金資産は隠すのではないでしょうか。

エイト：そうした資金が散逸しないようにできないんでしょうかね。

江川：難しいです。現段階で旧統一教会の破産宣告を申し立てても通らないでしょうし、また、かりに１０００人の原告で多額の損害賠償請求をしたとして、裁判には時間もかかる。時効もありますしね。

エイト：不法行為に基づく損害賠償請求は20年で消滅時効になりますね。また、もし法人を解散させても、信者として教義を信じている人は損害賠償請求をしないでしょう。そういう（マインドコントロール的な）問題も残ります。

江川：献金をどう扱うかは、憲法で保障されている財産権に関わるので難しい。たとえば法律で上限を決めたりするのは無理だし、家族の取消権も限定的になるでしょう。

エイト：献金をしている人が正常な判断ができなくなった状態なのか、それを誰がどう判断するのか……。正常な判断ができないと見て、法的に代理人を立てる成年後見制度の話もありますが、第三者が絡むのは難しいですね。

江川：だから、お金に関わる部分に限った立法を急ぐべきではないと思うんです。もっと丁寧にやらないといけない。どんな法制度をつくればいいか、(国会に)委員会をつくって、総合的な見地からじっくり議論してもらいたい。むしろ現行法でできることが複数あると思うので、それを進めてもらうほうがいいと思う。

10月初旬、厚生労働省は信仰を理由にしても児童虐待にあたる行為はあると全国の自治体に通知を出しましたが、厚労省の今回の判断は早かったし、よかった。こういう現行法を使ってできることを、どんどん進めていく。現行法でできる対策はほかにもあって、例えば文部科学省では「高等教育の修学支援新制度」というのがある。経済的な理由、あるいは父母等による暴力等の理由で、学業を続けられないという人向けの支援。給付型の奨学金や授業料の減免などがあるんです。この「暴力等」の「等」に、宗教による虐待を入れればいい。

エイト：たしか、いま知り合いの社会福祉士がその制度をうまく使って、カルトの2世の子たちを学校に行かせるようにしていたと思います。

江川：そうですね。でも、制度は十分ではなかった。従来は春か秋か、適用できる時期が決められていたからです。でも今年7月に、いつからでも使えるようになったそうです。現行法の変更で救える人たちがいるのなら、全省庁で見直してほしい。いますぐできるのですから。

エイト：そうですね。学費、生活保護はもちろん未成年の場合だと児童福祉法もありますね。それなら「2世のシェルターを新たにつくって」という話より早い。

江川：そうです。以前は18、19歳の子だと児童福祉法を離れて、しかも未成年という空白があり、行き場がない子がいた。でも、今年4月の民法改正で18歳から成人となったので、18歳になれば家を出て、生活保護や社会福祉士などにつなげることができますからね。もちろん、それをやりながら不十分なところは、新たな制度を考えていく。

エイト：子どもの声を聞き、支援をする「子どもアドボケイト（代弁者）」と呼ばれる人たちも出てきていますし、苦しむ2世がそういう支援員の働きで助けられることもあると思います。

「カルト教育は心のワクチン」

――他の宗教についてはどうでしょうか。

江川：もちろん関係します。例えば「エホバの証人」では、ムチでたたかれるなど体罰をされた事例がたくさん報告されていますが、これは現行法では児童虐待防止法が適用できるケースがある。

エイト：ただ、家庭や信仰のコミュニティーの中で行われているとその虐待が見えないし、子どもも声を上げられない。そういう子に気づいてあげられるようにできるかが課題です。

江川：例えば、エホバだと信仰上、七夕などの催しや運動会の騎馬戦に参加しないなどの特徴があり、先生も気づきやすい。そういう子は特に注意して、虐待がないかどうか見てほしい。家庭でのムチの体罰は、子どもが「それが当たり前」として育つので、本人もおかしいことだと気づかない場合がある。

――そうした宗教を規制するために、フランスの「反セクト法」のような法をつくったほうがいいという声もあります。同法は、身体や精神の不法侵害、無知や脆弱な状態につけ込む不法侵害（マインドコントロール）などで有罪判決を複数得ると解散となる条件が掲げられました。こうした規制についてはどうでしょうか。

エイト：私は日本版反セクト法があったほうが、きっちり縛れるかなと思いますね。

フランスでも一つ一つ事例を積み上げて、「この団体はこういうことをしている」と団体を縛っていった。解散まで行った団体はないようですが。

江川：私は、まずは罰則を伴わない、いわば理念法から始めたらいいんじゃないかと思うんです。例えば、ヘイトスピーチ対策法も理念法で直接の罰則はない。ただ、理念法であっても法律があると、それに基づいた啓発活動、社会活動が生まれる。必要であれば、この理念に基づいて、川崎市のように自治体が条例をつくることもある。そういう啓発活動ができれば、歪んだ教えとか、問題行為につながる教えを信じてしまうような人を減らせるんじゃないかと思います。

エイト：たしかに理念法すらなく、何も法規制がなかったことで、旧統一教会は「一世代」分放置され、被害を受ける人が増えてしまったわけですよね。

江川：「カルト教育は心のワクチン」と私は言っているんですが、カルトについて知ることで、カルト的価値観や手法に接した時に早く問題に気付けるだけでなく、カルトに関わった人についても理解できると思うんです。

エイト：カルト教育をすることで、現役信者の子への偏見もなくなる方向に持っていかないといけないですね。いま旧統一教会の２世はひどくいたたまれない感じですから、かわいそうなんです。

社会はどう受け入れるか

――そうした信仰の人たちを排除すると、もっと悪い方向に進んでしまうのでは。社会としては、どう接するべきでしょうか。

江川：オウムのときには省庁連絡会議ができて、それに付随した研究会ができたんです。警察庁、厚生省（現・厚生労働省）、法務省、それと心理関係の専門家などが参加した。その総括報告書があるのですが、その中に脱会者のケアの話は随分たくさん書かれているんです。カルト研究センター（仮称）を設けるという提言も書かれていたし、カルトの問題は宗教の問題ではなく、人権問題、犯罪問題、消費者経済問題でもあると書かれている。

エイト：ちゃんとしたことが書いてあるんですね。でも、その後、その総括報告書は生かされなかった？

江川：そうなの。予防啓発活動を積極的に行うことでカルト勧誘に対する抵抗力をつけるとか、心理相談、社会復帰施設ではカウンセリングが重要だとか、情報集約のネットワークを構築するとか、すごく重要なことが書いてあるんです。でも、いまは国立公文書館に眠っている。

エイト：これをたたき台にすれば、旧統一教会問題の対策にも使えますよね。そもそも国の報告書がこうした団体を「カルト」と記載していることも重要です。旧統一教会はカルトという言葉はヘイトスピーチだと、いま言葉狩りをしようとしているんですが、はるか前に「カルト」という言葉が国の機関で打ち出されていた。

――信仰を持つ人たちが脱会しようとするとき、社会はどう受け止めるべきでしょうか。

エイト：脱会は「居場所」の問題なんですよね。教団の輪の中から出ようとしても、社会の中に居場所がないとまた戻ってしまう。脱会しようという人が駆け込める受け皿が必要だと思います。

江川：教団の価値観と現実社会の価値観。その人にとって、どっちがリアルに感じられるかがポイントだと思う。私がすごいと思ったのが恋愛の力です。教団の価値観に強力に染まっていた子が、あるとき外部の世界で好きな子ができると、急に教団をやめたりする。

――ある人を心から信じて、信じられる。そのことで教団の価値観から解放されると。

江川：好きな人ではなく、友人であることもあります。マニュアル化はできないですが、心が揺さぶられて、教義の世界よりリアルな感覚を体験する効果は大きいように思います。

エイト：わかります。この間話したエホバを脱会した2世の子は、「社会に出て全然うまくいかなかった、けれどバイト先のコンビニの店長が何を言っても信用してくれた」と。その人に救われたということを言っていました。この人なら自分を信用してくれるという感覚を持つことができれば、現実社会に拠《よ》り所ができていくんだと思います。

江川：だからこそ、一般の人が受け入れられるように啓発活動が必要なんです。差別や非難ではなく、受け入れる。そうすることで、こちらの価値観も伝えていける。

エイト：そうなると、さっきの理念法のようなものが、やはり必要ですね。7月の事件はカルト団体の2世が起こしたというより、国がカルト問題を放置してきたがゆえに起きてしまったとも言えます。

江川：地下鉄サリン事件と安倍元首相の銃撃事件と、日本はカルト絡みで2度も世界を驚かすような事件を引き起こすことになってしまった。銃撃事件はもちろん教団の人間がやったわけではなく、あくまでその背景での問題でしたが、2度もです。

カルトに対してどう向き合うか、オウム事件の教訓が生かされなかったからですよね。いま旧統一教会の問題に対処せず、カルトの問題を放置したら、また数十年後に後悔するようなことが起きるでしょう。

エイト：旧統一教会だけを対象にしたものではなく、どんな団体にも対応できるような包括的な理念法ができれば、いま団体にいる人も将来的にちゃんとケアできることになる。その理念をしっかり打ち立てられるかが問われていますね。

【対談後記】

お金に関わる部分に限った被害者救済法の制定を性急にすべきではないという江川さんの危惧は的中した。外形上、政権与党・自民党が法案成立に協力したことによって、恰《あたか》も「被害者救済は終わり」「自民党の政治家も真摯《しんし》に協力し最善を尽くした」「統一教会の問題は2022年のうちに全て終わった」などと全て済んだこととされてしまっている。カルト予防法などの制定に動く気配はない。2世の支援立法に向けて当事者らは動いているが、22年末の救済新法に向けた動きほど与党の政治家が乗ってくるかは微妙である。

被害者の救済が遅れたどころかまったくなされていなかったこと、悪質な教団にお墨付きを与え却《かえ》って被害を拡大させてきた政治家を追及しないまま、法案成立を急ぐことは長いスパンで見れば弊害の方が大きい。長年カルト問題に取り組んできた江川さんだからこそできる提言だったと思う。

太田光×鈴木エイト

「教団擁護の〝壺芸人〟と呼ばれて」

２０２２年12月４日収録。初出：週刊ポスト

おおた・ひかり／１９６５年生まれ、埼玉県出身。日本大学中退後、88年に田中裕二との漫才コンビ・爆笑問題を結成。お笑い以外に映画や芸術にも造詣が深い。著書に『芸人人語』（朝日新聞出版）、『笑って人類！』（幻冬舎）など多数

TBS『サンデージャポン』で毎週共演させていただいていた太田さん。番組が始まる前にスタジオのセット内で、太田さんと話すことが毎週楽しみだった。とにかく博識で知識欲に溢れた人というのが私の印象だ。番組内ではその発言が度々炎上することになったのだが、太田さんの真意を自分なりに理解していた私には不思議だった。なぜ太田さんの真意が視聴者に伝わらないのか、対談で深掘りしてみようと思った。

対談後に思ったのは、太田さんは『宗教』に命がけで向かい合った人たちを知っているからこそ、統一教会のように手段として『宗教』を利用する組織自体が許せないのではないかということだった。そしてその一方で、外形的には教団内で『宗教』として向き合っている現役信者の人権をも護るべきであるとの見識から出てくる発言が〝教団擁護〟だと誤解されてきた。この対談では、その齟齬《そご》をある程度は明らかにできたのではないかと思っている。

末端の信者を切り捨てていいのか

エイト：9月のサンジャポ（『サンデージャポン』ＴＢＳ系）で、出演者の鈴木紗理奈さんに「統一教会擁護派なんですか」と聞かれた太田さんが、「いやいや、それも難しい」と言い淀《よど》んだのが印象的でした。太田さんは「教団擁護」と批判されることを率直にどう思っているんですか。

太田：言葉って本当に難しいんですよ。僕が最初に危機感を覚えたのは、『24時間テレビ』（日本テレビ系）のボランティアスタッフとして、ある女性信者が7年間活動し続けていたと、統一教会が公表した時。メディアは信者を「二度と使うな」と批判したけど、その女性が本当に悪質な人間なのか、僕らには見えないじゃないですか。

純粋に人の役に立ちたくて7年続けたかもしれないのに、「統一教会の信者は悪い奴」と排除していいのか疑問だった。彼女は今地元で、周りの人にどう言われてるんだろうと。そういう点で言えば、擁護派と捉える人もいるのかもしれない。

エイト：そういう逡巡《しゅんじゅん》があって、擁護派かと聞かれて答えに詰まったんですね。「擁護派ではない」と言ったら末端の信者を切り捨てることになる。

太田：そういうことです。僕は、全国弁連（全国霊感商法対策弁護士連絡会）の最初の会見で、山口広弁護士が「何十年も統一教会問題を扱うのは、彼らが本当にいい人たちだから」と言ったことが耳に残って離れないんです。一番近くにいた弁護士が「いい人」と呼ぶ人たちを切り捨てていいのかと。

エイト：僕は2世を中心に現役信者を取材してきたから、太田さんが現役信者の気持ちをわかってくれることがありがたかった。十把一絡《じっぱひとから》げに教団関係者が悪いと言うと、中にいる人がいたたまれないだろうから。それでも太田さんの真意は伝わらず、毎回炎上しましたね。

太田：まあ人柄でしょうね。今までの悪行がありますんで（笑）。

エイト：一方で、「テレビは見るな。でも太田光さんの言うことは聞け。自分たちがやってることが正しいとわかる」という内容のメッセージが教団の信者たちに出回っていると話題になりました。教団に太田さんの発言が利用されてしまっているという指摘もありましたよね。

太田：それは僕にとって喜ばしいことなんです。僕の声は信者たちに届くんだということだから。「だったら聞いてもらいたいことがある」ってことなんですよ。

僕は立川談志という人物が大好きなんです。彼にとって古典落語は、いってみれば信仰の対象だった。談志師匠は自分の信仰を守るために、時代に取り残された古典落語をもう一度社会の真ん中に取り戻そうと格闘したんです。同じように、これだけ世間から否定される統一教会について信者が本当に信仰を守りたいならば、社会と繋がるよう努力すべきだよと。社会と繋がらないと生き残れないんだから。

エイト：教団は、逆に社会から信者を分断しようとしています。国内の信者が信仰を守りたいなら、教団がお金の問題も韓国本部との関係も全てクリアしてからでないといけないでしょうね。

「太田は洗脳されている」

エイト：太田さんはテレビが大好きですよね。「#太田光をテレビに出すな」というハッシュタグが流行した時は、「もっと傷つく言葉あるのに」と気丈でしたが、本当はダメージがあったのではないですか？

太田：ダメージがないと言えばウソになるけど、ハッシュタグをやった人は優しい気持ちを持っていると思いますよ。山上徹也容疑者に同情して統一教会に怒りを覚え、「教団を擁護する太田をテレビに出すな」と言ったんだと思うんです。

エイト：ハッシュタグを立てた人は統一教会の被害者ではなく、外野にいる人というイメージです。

太田：そういう外野の層が、テレビの客なんです。何となくワイドショーを見てる人が僕の発言を知って、「苦しむ人がもっと増えるじゃないか」という発想をする。日本人的で優しい考え方だし、僕は常に大衆に向かっていたいから、あのハッシュタグも含めてテレビの面白さだと思います。

エイト：太田さんは分厚い『原理講論』（統一教会の教理『統一原理』の解説書）まで読んで勉強しているけど、一般誌では「太田は何も知らない無知だ」と叩かれました。

太田：実はそれが精神的に一番苦しかったんですよ。ネットで言われる分には、だけど。「太田は洗脳されている」って社会に思われる状況が一番キツかった。これって、脱会するよう説得されている信者に近いのかなと。

エイト：そこで太田さんが「俺、洗脳なんてされてないよ」と反論しても、「ほら、その反応が洗脳されている証拠です」と言われてしまう。

太田：本当にそうで、もう何を言っても信じてもらえないと思った。だって僕、「壺芸人」って言われたんですよ（笑）。何も侮辱的な言葉は入っていないのに、こんなに傷つくネーミングはないでしょ。

エイト：山上容疑者が事件を起こしてメディアが大騒ぎした時、太田さんは慎重な姿勢でした。教団の問題を取り上げてこなかった反省がないまま、「巨悪を追及する我々は正義だ」と報じるのは間違いだと発信して、そこでも「教団擁護だ」と炎上した。テレビが好きだからこそ、「今まで何をやってたんだ」という思いがあったのではないですか。

太田：それは思っていましたね。だって「空白の30年」問題の責任の大半はテレビを含むメディアにありますよ。僕は20年以上サンジャポをやっているけど、今回の事件が起きるまで一度も統一教会を取り上げたことがない。そこに目を向けず、100%正義の顔はできないなあと。

エイト：事件前、全国弁連は参議院会館で2回、統一教会問題に関する緊急集会を開きましたが、取材に行ったのは僕ともう一人だけでした。大手メディアは完全に無視だったし、当時はニュースバリューもなかったのでしょう。

太田：恐らく1980年代よりも被害が減り、大半の人は「今はそれほど霊感商法やってないでしょう」との意識だったのでしょう。それが間違いだと山上事件で明らかになったわけで、果たして我々が政治家を責められるのだろうか、同じじゃないかと思った。

山上は凡庸な殺人者

エイト：残る課題は山上容疑者をどう捉えるかです。やったことは悪だけど、彼の犯罪が問題を可視化させたというのは事実で、僕自身も「鈴木エイトは安倍さん暗殺事件で出てきた人だよ」ってずっと言われると思ってる。今後彼の新たな発言が出てきたとしても、僕たちはその内容を正面から受け取っていいのかという疑問があります。

太田：彼は母親が熱心な信者で兄が自殺し、自分は仕事がうまくいかず残酷な世界にいた。そこに同情する人はいるけど、彼は1度、教団総裁の韓鶴子を狙ったけど警備が厳しく標的を変えたんですよね。そこに僕は一貫性のなさを感じるんです。もし安倍さんの警備がもっと厳しかったら、今度はどこを狙ったのかと。

彼は社会を恨んでいるから、無差別殺人を犯した可能性だってある。結局、山上容疑者は凡庸な殺人者なんですよ。

エイト：ただ、山上容疑者は他に手段がなく、身を賭《と》して行動したという視点も持つべきでしょう。全て計算した上で悲劇のヒーローを演じたという視点と、裏のないギリギリの行為だったという振れ幅の中で考えないといけません。

太田：たとえそうだとしても僕は山上容疑者を批判します。何より思うのは安倍さんの遺族のことですよ。ある日普通に出かけて、あんな殺され方をして、もう二度と帰ってこない遺族の気持ちを、お前が一番わかっているはずじゃないかと。

エイト：兄が自殺して「兄ちゃん、何で死んだんや」と泣いた気持ちを、安倍さんの遺族に味わわせているわけですからね。

太田：よく誤解されますが、僕は統一教会の追及をやめろとは一度も言ってない。ただ同時に、安倍さんの暗殺はテロ行為であり山上容疑者は殺人者であることを、教団を追及するのと同じ熱量で伝えないといけない。ほとんどの人に「太田は追及をやめろと言ってる」と捉えられちゃったけど。

エイト：2世信者を含めた教団の被害者が教団に刃《やいば》を向けることはあると思っていたけど、飛躍して教団と関係のある政治家を狙うことは完全に想定外でした。考えが及ばなかった反省もあります。

太田：唯一よかったのは、苦しんでいる2世信者の存在が明らかになったこと。宗教問題なのか、子どもの虐待なのかという問題はあるけど、議論は進んでますもんね。

ビデオセンターで羽交い締めに

太田：僕は2世ではないけど大学生の時、勧誘してる信者をからかってやろうとついて行って、統一教会の教義を講義するビデオセンターに通ってました。サロンみたいな場所でコーヒーを出してくれて、優しそうなお姉さんから「何に悩んでいますか」と聞かれるから、「俺は童貞だからセックスがしたい」と答えていた。

エイト：一番まずいやつじゃないですか（笑）。絶対に裏では「サタンが来ました」となってますよ。

太田：当時はなんでも首を突っ込んでたから。毎日「全知全能の神を倒すプロレスラーを、神は作れるか」なんて難問を信者に突き付けていたら、ある日大男に羽交い締めされて「二度と来ないでください」と叩き出された（笑）。だから統一教会のことはよく知っていて、いかにインチキかもわかってるんですけどね。当時そこにいた他の人は本気で悩んでて、親身になって話を聞く人もいた。純粋な人はここが居場所になるんだろうと思った。

エイト：街頭のアンケートや手相占いが勧誘の入り口だから、信者になる人はそれに応じる優しくて素直な人が多いんです。

岸田（文雄）首相は「社会的に問題が指摘されている団体とは付き合わない」と言って、現役信者を切り捨てている。「どんな団体ですか」と聞いてもうやむやにしたままで説明しません。何が問題でどう規制すべきかを定めず、ただ蓋《ふた》をするだけという一番まずいやり方をしている。

太田：統一教会が何物かわかっていない早い段階で、「関係を断ちます」と言った岸田さんは、あまりに乱暴で雑でした。やっぱり僕は何が答えかわからないけど、ただ信者をみんなで排除することが本当に正解なのかという迷いは消えないですね。

【対談後記】

太田さんが繰り返し指摘していたのが、問題教団の信者を〝排除〟するだけでよいのかということだ。これは当初から私も問うていたことだ。山上被告に対する捉え方に私とは相違点があるものの、2世問題の議論が進んでいることは共通して評価している部分だ。

太田さんが羽交い締めされてビデオセンターから叩き出されたエピソード。私も被害者と一緒にビデオセンターを訪ねた際、やはりビデオセンターの所長から羽交い締めにされたことがある。太田さんとは奇妙な共通体験がある。

宮崎哲弥×小川寛大×鈴木エイト

「今後の政治と宗教はどうなるのか」

2022年12月13日収録。初出：週刊ポスト

みやざき・てつや／1962年生まれ、福岡県出身。慶應義塾大学文学部卒業。政治哲学、生命倫理、仏教論を主軸とした評論活動を行う。著書に『仏教論争』（ちくま新書）、『教養としての上級語彙』（新潮社）など多数

おがわ・かんだい／1979年生まれ、熊本県出身。早稲田大学政治経済学部卒業。宗教業界誌『中外日報』記者を経て独立、『宗教問題』編集長に。著書に『神社本庁とは何か』（K&Kプレス）、『南北戦争』（中央公論新社）など

2022年の年末、宗教全般と政治との関わりについての鼎談が行われたのは東京駅に隣接するホテル。

宗教問題の専門家としての視点から統一教会問題を語る小川さん。総論としての宗教論・政治論を語り博識を披露する宮崎さん。このお二人との鼎談は一連の問題の置き方や捉え方に関して非常に参考になった。特に創価学会を始めとする新興宗教と政治の関係など、参考になる話ばかりだった。

2023年4月の統一地方選にも話が及んだが、残念ながらこの問題が選挙の焦点になることはなかった。

そして鼎談終了後、宮崎氏から激励の言葉をもらったことが何より嬉しかった。

救済法案で残された課題

宮崎：２０２２年12月、統一教会（世界平和統一家庭連合）をめぐる被害者救済法案が成立しました。これは支持率が急降下した岸田文雄首相が政治的に必要だと判断し、急ごしらえした法律だと言えるでしょう。

エイト：教団を規制する法律ができたことは最低限評価しますが、やはり中身が甘い。既存の法律より行使要件が厳しくなった面もあります。

小川：与党も野党もパフォーマンスの一面が否《いな》めません。そもそも統一教会含め、宗教団体の信者の大半は一般的な社会生活を送っています。その信者がマインドコントロールされているからとして財産権を奪うことは、憲法に抵触する恐れもあった。まだ様々な問題が残っているので、新法を叩き台に今後さらに議論を深めるべきですが、世の中が「これでよかった」「全て解決した」という空気感になっていることも危惧しています。

宮崎：規制の実効性が薄く、適用しにくい一方、違憲立法の可能性を否定できない……。解散命令手続きはどうですか。

小川：今後、おそらく1月～2月のうちに解散命令請求が出て、裁判所が解散命令を出すかどうかを審理する。教団側は最高裁まで争うことができ、実際和歌山の明覚寺に解散命令が出た（※注）際は確定まで3年かかりました。それまで世間の関心が持続するかどうか。

【※注／系列寺院による霊視商法詐欺事件を起こした「宗教法人明覚寺」（和歌山県）が２００２年、和歌山地裁から解散命令を受けた件。文化庁は１９９９年に、同団体が「公共の福祉を害した」として和歌山地裁に解散請求していた】

エイト：解散命令が出ても宗教法人格が剥奪されて税制上の優遇措置などがなくなるだけで、「宗教団体」としての活動は可能です。解散して信者が完全にバラバラになるわけではない。

小川：解散まで数年かかるうちに、教団が資産を隠す恐れもあります。統一教会は韓国に本部があるので日本からそこに送金したり、教団の土地や施設などの名義を信者や別の法人に移す方法です。過去にオウム真理教は資産の名義を変え、当局の差し押さえを逃れた。

エイト：外為法に抵触しない100万円弱の現金を、信者が直接韓国に渡って届ける方法もある。つまり、抜け道が多いんです。

北朝鮮とのつながり

小川：じゃあ、結局どうすればいいのか。本気で教団に罰を与えたければ、解散ではなく破産に追い込むことが、より大きなダメージになるでしょう。

そのために民事裁判で損害賠償額を確定し、教団の資産と照らし合わせるなどの必要がある。教団を潰すには時間はかかるけど、一つ一つ積み上げるしかありません。

エイト：全国霊感商法対策弁護士連絡会などの集計では、2021年までの被害額は約１２４０億円ですが、実質はその10倍と言われています。一方で教団が国内にプールする資産は数百億円とされ、賠償には全然足りない。韓国の本部には１０００億円ほどあるようなので、それを取り戻せればいいのですが。

宮崎：政治との癒着は断絶できるのですか。

エイト：教団内部では「今は一時的にバッシングされているだけで、波が終わればまた政治家は教団に協力する」という認識が優勢です。彼らは閣僚クラスや自民党中枢の情報を握り、大勢の政治家が首根っこを押さえられている。この先も政治家との密な関係を小出しにしてくる可能性があります。

小川：政治との関係は切りようがない。自民党と統一教会は半世紀近くのつながりで、歴史的に深すぎます。岸田首相の「一切関係を断つ」という発言は軽く、逆に信頼を失う発言になっている。

宮崎：私が気になるのは教団と北朝鮮の関係です。『文藝春秋』（２０２３年１月号）によれば、日本人信者が教団に献金した4500億円がロンダリングされて北朝鮮のミサイル開発に流用されたとのことで、事実なら由々しき事態です。「北朝鮮が脅威だから増税して防衛費を上げる」と主張する自民党の保守派が、日本で集金した金を北朝鮮に送る宗教団体と深くつながっているのだとしたら、保守の正当性に関わる大問題ですよ。

創価学会への飛び火

エイト：統一教会の問題が創価学会にまで飛び火して、週刊誌などで学会の元会員などによる学会批判が飛び交いました。

小川：興味深いのは、従来は「名誉会長である池田大作が作った正しい学会に戻せ」という教義に真面目な意見が多かったけど、今回は「学会は根本的にどうしようもない」という批判が多いことです。池田氏が表舞台から去って十数年が経過し、池田氏のカリスマ性でまとめていた部分が消失してしまったのか、組織に金属疲労が見られる。

宮崎：創価学会は公称827万世帯が会員という桁外れに巨大な組織ですが、日本でこれ以上教勢を伸ばすことは難しい。この先、どう生き残るかが喫緊の課題でしょう。

エイト：創価学会に限らず、新宗教はどこも弱体化しています。そんななかで、2023年は4月に統一地方選がありますね。

小川：公明党は地方議会を主戦場にします。理由は地方に影響力を持ちたいということはもちろんですが、学会員を食わせる手段でもあるという事情がある。本来は「宗教法人創価学会」が雇う学会員を地方議員に当選させ、税金で生活させる手段として地方選挙があるということを聞いたことがありますが、地方ほどそうした傾向がうかがえます。

公明党は選挙戦の勝利を至上命題にする政党で、これまで比例ブロックでは全国くまなく当選者を出してきました。しかし創価学会の弱体化に伴い、今後は東北や四国など地方のブロックで公明党が1人も当選させられない可能性が出てきた。もし本当にそれが起こったら、単に1議席を失う以上のインパクトがあり、何らかの体制変革が求められるはずです。

宮崎：選挙は創価学会の組織原理に組み込まれているのです。公明党が選挙において創価学会に依存しているんじゃなくて、その逆。だからこそ、全国津々浦々に候補者がいることに意味がある。それなのに櫛の歯が欠けるように落選者が出ると、学会全体の問題になってしまう。

小川：よくわかります。今実際に創価学会の会員を取材すると、日蓮や仏教の教えに関する話はほとんど聞きません。純粋な宗教運動なら日蓮の記念日に全員で題目を唱えることなどが活力となりますが、創価学会は純粋な宗教的パワーはほぼなくなっている。交わすのは選挙の話ばかりで、もはや宗教団体ではなく選挙の互助会のようです。

宮崎：彼らにとって、選挙は一種の「祭り」なんだよ。

小川：逆に言えば、選挙以外に学会員を動員して熱狂させる機会がない。

宮崎：学会自体が弱体化しつつあるなか、現在の体制や体質は見直さざるを得ないでしょうね。

他方、統一教会は来る統一地方選において、「手のひらを返した」自民党が自分たちの協力なしでは沈んでしまうことを見せつけようとしていると思いますね。教会信者による助力の不在によって存在感を際立たせようというわけです。

エイト：すでに教団側は地方議会や地方議員に「家庭連合は反社会的団体ではありません」という陳情書をどんどん送っている。ある種の脅しです。

小川：票目当てに、宗教団体とズブズブの関係になる政治家の節操のなさも問題です。ある保守系の地方議員は「僕はね、宗教5つ入っている」と言っていた。思想信条がないんですよ。

宮崎：現在、日本の宗教界はターニングポイントを迎えています。伝統宗教も新宗教も、選挙や葬式ばかりに頼るのではなく、本当の意味での宗教的な救済をどのように信者・信徒にもたらすかを真剣に考えないといけません。家族や地域社会など、国と個人の間にある中間共同体が崩れ、寄る辺《べ》を失う人が増えるなかで、あまりに宗教が形骸化している。

小川：オウム事件後、神社や仏教、創価学会など既存の宗教は総出で宗教法人法改正に抵抗したけど、統一教会の問題についてはダンマリで嵐が過ぎるのを待っています。下手に騒いだら、こっちに来るとの認識です。

宮崎：宗教はアイデンティティの根拠を教えます。そして生死の意味も教える。だからこそ宗教2世問題の根は極めて深いと言える。特異な生育状況、生活環境に投入されてしまった2世がいかにして、それを克服するか。極めて厄介な問題ですよ。

エイト：「宗教2世」の問題は安倍（晋三）さんの事件でようやくクローズアップされました。救済法案が成立したのも、「宗教2世」が顔を出して支援を求めたことが大きかった。

小川：これからはカルト的な宗教法人には社会の厳しい目が向けられて、活動が難しくなるはずです。しかし、それで個人が抱える心の問題が解決するとは到底思えません。むしろ新しいステージに移行するのではないか。

宮崎：その意味でも伝統宗教が本来の宗教性を取り戻すことが重要だと思いますね。かつてオウムに走った若者に「単なる風景」と切って捨てられた伝統宗教ですが、その後も「単なる風景」は変わらなかった。特に寺院はいまこそアイデンティティの拠り所として出直すべきではないか。

他方「政治カルト」もこれから勢いを増しそうな気配ですね。

小川：世界に目を向けると、トルコのエルドアン大統領やインドのモディ首相のように、宗教指導者と見まがう政治指導者が現れています。現にアメリカのトランプ前大統領を見ればわかりますが、彼を支持するキリスト教右派・福音派のサポートがなければ、もう共和党は選挙ができない。政教分離は大切な原理原則であり、日本も堅持すべきですが、世界的には政教分離は終焉に向かうかもしれません。今後はそんな視座も持っておいたほうがいい。

宮崎：しかしそれでは政治が硬直化し、それゆえ不安定化する原因にもなります。現代政治の要諦《ようてい》は、憲法を指導理念としつつ、諸勢力の利害調整と妥協を図ることです。だけどカルトには両方とも難しいでしょう。

【対談後記】

金銭被害を規制する法律を制定するのであれば、ピンポイントで統一教会による悪質な財産収奪を取り締まることのできる法律を作るべきだった。ところが網を拡げすぎたことにより、他の宗教団体やＮＰＯなど寄附で成り立っている団体を広く〝浅く〟規制するものになってしまった。小川さんによる「全て解決した」という空気感を危惧する指摘。その通りの展開になっている。それは法案成立に協力した自民党の思惑そのものであり、教団と深く関与した政治家の追及の矛先を逸らすことになっている。

終盤で宮崎さんが「２世問題の根深さ」について「極めて厄介な問題」と分析している点は興味深い。私も、この鼎談を経て問題に取り組む思いを新たにした。

第3部

深層編

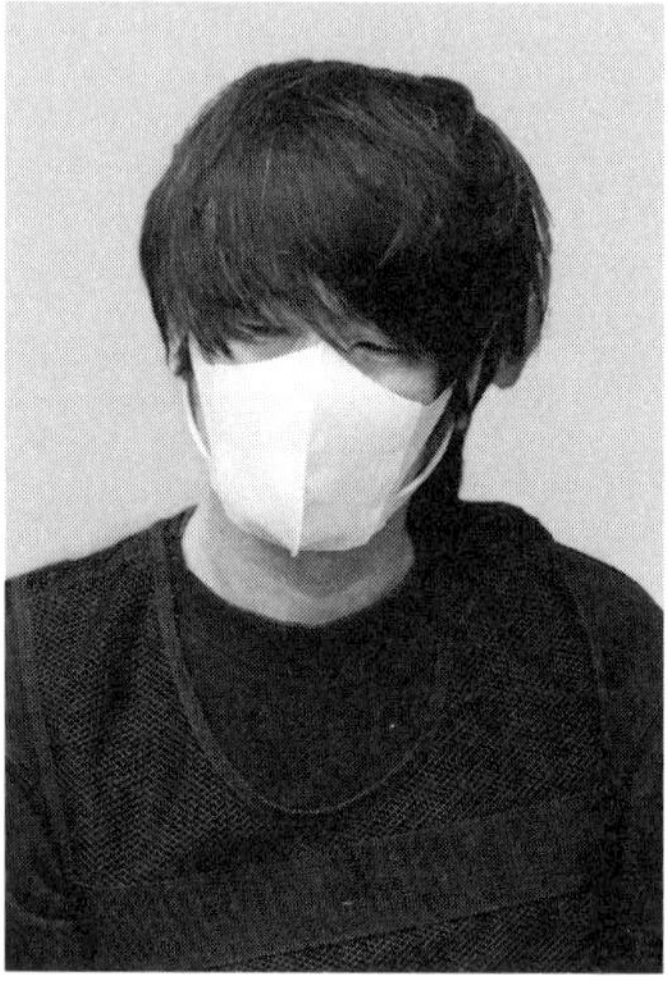

山上徹也被告（共同通信）

第1章　山上徹也からのメッセージ

「真摯な絶望」

山上徹也被告のツイッター投稿には〝絶望〟という言葉が出てくる。

〈『ジョーカーという真摯な絶望を汚す奴は許さない』〉（2019年10月20日4時2分）

〈ジョーカーは何故ジョーカーに変貌したのか。何に絶望したのか。何を笑うのか〉（2020年1月26日11時47分）

事件の約2年前には犯行を示唆するような投稿もある。

〈オレが憎むのは統一教会だけだ。結果として安倍政権に何があったとしてもオレの知った事ではない〉（2019年10月14日2時35分）

映画『ジョーカー』との近似性も指摘されてきた。政治的背景や思想的なバックボーンのない主人公アーサーによる〝反乱〟を描いた映画『ジョーカー』に、自身の境遇を重ね合わせていたようにも取れる。彼が〝絶望〟に直面していたことに疑いはない。

「社会変革者」という見方

2023年1月10日に鑑定留置を終えた山上徹也。前年7月24日で中断していた勾留期限が再開、期限日の同月13日に殺人と銃刀法違反容疑で起訴され〝山上徹也被告〟となった。2月には武器等製造法、火薬類取締法（無許可製造）、建造物損壊、銃刀法（加重所持）、公職選挙法（選挙自由妨害）の各違反容疑で追送検もされている。このうち公選法違反以外で追起訴され、刑事裁判が行われる。裁判員裁判となるため、公判前整理手続などを経て裁判が始まるまでには相当な期間があると思われる。

鑑定留置の期間については、当初の留置期間（2022年7月25日〜11月29日）が約4か月間と通常よりも長かった上に、何度も検察から延長申請がなされるなど不可解な動きもあった。様々な憶測も呼んだが、結果としては責任能力ありとの判断がなされ、司法の裁きを受けることになった。

今後我々は、山上徹也という人物をどう捉えていけばよいのだろう。只の凡庸な殺人者なのか、それとも圧倒的な〝絶望〟に直面する中で身を挺《てい》して統一教会という組織の悪質さや政界との関係を世間に知らしめ、社会を変えた英雄、「社会変革者」なのか。

2世たちの苦悩

事件後、まず危惧したのは2世たちへの精神的な影響だった。統一教会の信仰を持っていた時期がないと思われる山上被告は、いわゆる〝元2世信者〟という括りには入らないとはいえ、問題教団による被害者の子ども「セカンドジェネレーション」、つまり2次被害者として「2世問題」という側面があることは否定できない。

事件後、聞こえてきたのは「山上容疑者の気持ちがわかってしまうことが辛い」という2世たちの声だった。当然ながら、殺人も厭《いと》わない銃撃という手段を採ったことは許されないことだ。とはいえ、彼が抱いた教団への恨みや憤りが痛いほどわかること、そして教団の体制保護に寄与してきた政治家を銃撃するといった社会の耳目《じもく》を集める事件を起こさない限り、自分たちの苦しみはおろか存在すら認識されてこなかったこと。それまで様々な場所でそれぞれの〝絶望〟に直面してきた2世たちにとって、彼の境遇やその境遇を背景にとった行動は、どうしても他人事《ひとごと》には思えないのだ。

その「2世問題」視点からの報道が増すにつれ、容疑者への感情移入やSNSを含む情報氾濫、または無防備な状態でメディアから取材を受けることによって、多くの2世が精神的なダメージを被る惧《おそ》れがあった。そのため、敢えてSNSから離れる選択をした2世もいる。私もそのようなアドバイスをしてきた。

当事者ではなく取材する側として2世問題に長年向き合ってきた私ですら事件後の海外メディア対応の際に、山上徹也という人物が事件を起こした背景や、2世問題を説明しながら感情が高ぶり、涙が止まらなくなってしまうことが何度もあった。

常に冷静な視点で見ることを心がけてきた〝部外者〟である私でさえ、無意識レベルで感情が大きく揺さぶられた。それだけに、当事者である2世たちが受けた衝撃や動揺の大きさは如何なるものであったか想像に難くない。

自己投影される「山上徹也」

彼を英雄視するような動きは実際にあり、社会の目を覚まさせてくれたヒーローとして捉える人も少なからず存在する。さらには「山神様」などと呼び神格化する声もあると聞く。

事件直後、すでに減刑運動を呼びかける声は上がっていた。賛同する人から私にこのようなメッセージが来たこともあった。

「あなたは山上さんのおかげで有名になったのだから、減刑運動に参加する義務がある」

このような認識を持つ人もいるということだ。敢えて返信はしていない。

実際に山上の減刑を求めるネット署名、『山上徹也氏の減刑を求める署名』が事件後ほどなくして立ち上がっている。1万人以上の署名を集め、検察庁などへ郵送された２０２３年１月、発起人の女性２人が開いた会見を取材した。

発起人の一人は別の宗教団体の２世、山上が逮捕後すぐに死刑にされてしまうのではと危惧し、ネット署名を立ち上げたという。山上自身は彼のツイートを見る限り、自分自身をいわゆる「宗教２世」として捉えていなかった形跡があるが、会見で配布された資料には山上を一般的な「宗教２世」と設定した上で、彼の内心をある意味決めつけて感情移入しているような記述が多々あり、違和感を持った。

もう一人の会見者はネット署名活動の事務を担当しているとのことだったが、こちらの女性には政治思想的な背景が窺えた。質疑応答において女性は、質問内容とは無関係に民主主義に対する見解や安倍政権への政治批判を展開、山上をドフトエフスキーの『罪と罰』の主人公ラスコーリニコフに譬《たと》えて持論を語り出した。これを延々と聞かされては堪《たま》ったものではない。私は途中で遮《さえぎ》り、「簡潔に質問するので回答も簡潔にお願いします」と釘を刺し、要点を絞って再質問した。

減刑を求める声や署名の賛同者の意見など、それぞれの思いから行われる〝運動〟自体を否定はしないが、社会への意見を発する媒介として山上と彼の起こした事件が〝使われている〟〝コンテンツとして消費されている〟のではないか、そう思わせる会見だった。

山上による銃撃事件を基にした映画『REVOLUTION＋1』も製作、公開された。元日本赤軍メンバーの足立正生監督が脚本も担当している。同映画では山上を革命家として捉えており、監督自身の娘をモチーフにした革命家2世も登場する。この作品もまた足立監督のバックボーンを投影した作品となっている。

「神格化」「減刑運動」「映画」と様々な人が、自分の思いや主義・主張を山上に重ねた上で、表現や発信を行ってきた。それぞれの人が山上の事件を媒介として自分自身を投影しているとも言える。

では私自身はどうだろう。山上徹也という人物をどのように捉えているのか。まずは安易な決めつけをせず、フラットに見ていこうと思っている。

動機面の担保

事件前日にルポライター米本和広へ宛てて投函した手紙の中で、山上は安倍晋三についてこう書いている。

「苦々しくは思っていましたが、安倍は本来の敵ではないのです。あくまで現実世界で最も影響力のある統一教会シンパの一人に過ぎません」

山上が安倍晋三という人物を「苦々しく」思っていた根拠、統一教会との関係性を確信した根拠は2021年9月のビデオメッセージに至るまでは、おそらくその殆ど全てが私の記事や発信だと思われる。となると、当然のことながら今後の山上被告の公判では事件の背景、動機面における蓋然《がいぜん》性や合理性の裏付けとして私が追及してきた安倍への疑惑の確度が争点になるだろう。

少なくとも、安倍晋三と統一教会との関係性においては、2006年にUPF集会へ祝電を送ったことが報じられてから、「2021年のビデオメッセージ」に至るまでの15年間に欠けていたミッシングリンクを私が繋げたことは確かだ。それがなければ事件後にここまで事態が動くことはなく、そもそも安倍が狙われることもなかったのかもしれない。だが、ジャーナリストとしての私の使命は事実を伝えることにある。

2013年参院選での統一教会への「じきじき」の「後援依頼」に加えて16年の教団幹部の官邸への招待、UNITEを使った運動、参院選での票の差配、これら数多《あまた》の疑惑が安倍晋三という政治家にはあった。一連の疑惑を再検証することによって、安倍晋三という政治家をターゲットにした山上の動機を裏付ける蓋然性や合理性が担保されるだろう。

少なくとも、安倍と教団との関係性は単なる山上被告の「思い込み」や「勘違い」ではなかったという〝事実〟は繰り返し提示していく必要がある。

また同時に、私の存在が事件に影響を与えた可能性だけではなく、逆に事件発生を食い止めることができた可能性についても触れざるを得ない。

もし山上の計画を事前に察知できていたら、彼のような教団の被害者を犯罪者にしてしまうことを防げたかもしれない。そして、安倍晋三という政治家が暗殺されることを防ぎ、その道義的責任を存命中に追及できた可能性を考えてしまう。

事件前のメッセージ

事件前の山上と私の関係性について記しておく。特定された山上のツイッターアカウント（silent hill 333）は、事件の約2年前から私のツイートや私のコメントが掲載された記事などをリツイートしていて、彼が私の存在を認識していたことは確かだった。

そして、ここで明かしておこう。事件の9日前、山上徹也と私はメッセージのやり取りをしていた。

私が彼とやり取りをしたのは、２０２２年6月29日21時11分。ツイッターのメッセージ機能を通してだった。

その山上のツイッターは、２０２２年6月30日に他者の投稿をリツイートしたことを最後に更新されていない。

事件の８日前で途切れたツイート。彼が私へメッセージを送ってきたのはその前日、事件の９日前である6月29日だった。メッセージ前後に彼は「若者の自殺」「基本的人権」「ルールとプーチン」「人生、マイナスからのスタート、０に戻す」などと書かれた他者のツイートをリツイートあるいは引用ツイートしている。

〈若い人が自殺すると「まだ若い、これからの人だったのに」という意見が出るけど、むしろ若いから亡くなってしまうんだと思う。将来への希望が持てず「あと何十年もこれが続くのか…」と思うと生きる気力は削《そ》がれてくる。そのくらい今の日本で若い人が希望を持って生きるのはすごく難しいんだよ〉（２０２２年6月29日

8時3分）

このリツイートと以下の引用ツイート・リツイートの間に、私へのコンタクトがあった。

〈自民党憲法草案第十一条　国民は、全ての基本的人権を享有する。この憲法が国民に保障する基本的人権は、侵すことのできない永久の権利である。

何故これは書かないのですか?〉（2022年6月29日21時39分）

〈自民党憲法草案第十一条　国民は、全ての基本的人権を享有する。この憲法が国民に保障する基本的人権は、侵すことのできない永久の権利である。

何故これは書かないのですか?　読んだ事がないからですか?〉（2022年6月29日21時42分）

〈ロシアが核を撃てばＮＡＴＯが何カ国増えようが何も変わらない。ルールを守るのはそのルールを守るメリットがあるから。プーチンにはない〉（２０２２年６月30日２時３分）

〈人生、マイナスからのスタートをどうにか０に戻すのに必死になってるだけという感覚がある〉（２０２２年６月30日10時25分）

そして事件前日の７月７日、山上は島根県在住のルポライター米本和広へ手紙を投函する。米本が手紙に気づいたのは事件から５日後の７月13日だ。

知ったのは事件から半年後

なぜ、事件後約10か月も経ってから山上と事件前にやり取りがあったことを明かすのかと訝《いぶか》しむ人が殆どだろう。正直に言うと、私自身が彼とやり取りをしていたことに気が付いていなかったのだ。メッセージの存在を知ったのは事件から半年後の２０２３年１月だった。

事件後、何度も奈良に行き、山上の弁護団の弁護人への取材を重ねてきた。23年1月のある日、弁護人から山上が〝事件前にエイトさんへメッセージを送ったが返信がなかった〟との旨を話していると聞いた。事件前に山上が私へ何らかのメッセージを送ってくれていたにもかかわらず、そのコンタクト自体を無視してしまっていたのではないかと烈しい悔恨の念に駆られた。

もしそのメッセージに銃撃事件を示唆するようなことが書かれていたとしたら……、彼が事件を起こす前に止めることができたかもしれない。教団の被害者が犯罪者になってしまうことを防げたのではないか。

「自分が有名になるために事件が起こることを知っていながら放置していたのだろう」

この手の嘲《あざけ》りを投げてくる人が出てくることは想定された。実際に「鈴木エイトが事件を起こるように仕向けた」「鈴木エイトがビデオメッセージを見せて山上を嗾《けしか》けた」などとSNSに投稿する陰謀論的なアカウントも存在する。

もし事前に山上が安倍を銃撃すると知ったとしたら、思い留まるよう説得したはずだ。安倍にも警告し、状況によっては警察にも連絡をしただろう。少なくとも、統一教会の被害者を犯罪者にしてしまうことだけは何としても阻止したはずだ。

メッセージは2通

ダイレクトメッセージの通知メールを確認すると、２０２２年6月29日21時11分に山上のアカウントからメッセージが２通来ていたことがわかった。だが、山上のツイッターアカウントはツイッター社から凍結されているため、どのようなやり取りがあったかは確認できなかった。

数日後、私が落ち込んでいるだろうと気にかけてくれた山上の弁護人から連絡があった。改めて接見時に山上に確認したところ、当時私から返信があり実際にはメッセージのやり取りをしていたという。単に私が失念していただけだった。弁護人によると山上からのメッセージ自体は明確に銃撃事件を示唆するものではなく、教団イベントについての照会が中心で文面も紳士的で知的なものだった。それだけに記憶にも残らないほどのやり取りだったのか。

再度、どのようなやり取りであったのかを弁護人から山上に確認してもらった。山上の記憶によると私とは以下のメッセージのやり取りをしたという。

山上徹也「やや日刊カルト新聞を従前からずっと見ていました。初めまして。家族に信者がおり、統一教会をウォッチしている者です。やや日刊カルト新聞を始めエイト氏の日ごろの活動には頭が下がります。最近の統一教会ですが7月10日、日曜日にさいたま市民会館、キャパ2000人で何らかの催しがある旨、浦和家庭教会のホームページの礼拝週報から知りました。コロナ禍で大規模な集会は控えてきた統一教会ですが、何年ぶりかに活動を始めるのではないかと懸念しております。この大会について参加者等ご存じのことはないでしょうか？」

鈴木エイト「情報提供ありがとうございます。7月10日といえば投票日ですね。6月中旬には世界本部長（尹煐鎬世界宣教本部長）が来日していました。選挙も近いですし何かあるかもしれません。キャパ2千人規模だと祝福関係かもしれません。私の方でもチェックしておきます」

山上徹也「ありがとうございます。よろしくお願いします」

丁寧な文面である。漸《ようや》く、そういえばこんなやり取りをしたという記憶が蘇った。

安倍が暗殺され山上が刑事被告人となり私が多少有名になっている現状と、もし事件が起こらず元首相は存命し山上は刑事被告人にならず私も孤独な闘いを続けていたとして、どちらを選ぶかと問われたら、私は迷わず後者を選ぶ。どんな人物であれ人が亡くなること、統一教会の被害者を犯罪者にしてしまうことに比べたら、私が無名の〝ジャーナリスト〟であり続ける方を選択する。

情状減軽か加重要件か

いずれ公判が始まる。公判前整理手続では検察側の証拠開示を受け、争点が絞り込まれる。何が争点となり弁護団の訴訟戦略はいかなるものになるのか。但し、裁判で全ての〝事実〟が明らかとなるとは限らない。被告人の語る内容が、事件当時の彼の心象そのものであるとは言えないケースも想定されるからだ。

私は彼が事件前にどのような絵を描いていたのかを知りたい。手段は間違っており、私は決して彼の犯行を支持できないが、同じ対象を〝追及〟していた私と彼との間には何かの繋がりがあると信じたい。

起訴される罪状の積み上げにもよるが、犯罪事実自体に争いはないだろう。問題は量刑の判断がどうなるかだ。彼の来歴は間違いなく情状酌量（情状減軽）として判断されるだろう。だが安倍を狙ったことについては、「情状酌量」ではなく「加重要件」として捉えられる可能性もある。裁判員裁判となるだけに量刑判断がどちらに振れるかは判然としない。だが、少なくとも事件の背景にある安倍と統一教会の関係性が、前述したような山上被告の「勘違い」や「思い込み」などではなく、確固たる蓋然性や合理性が担保された上で判断・審議されるべき事案であることだけは確かだ。

彼が安倍晋三に対して、教団の悪行を放置したばかりか、お墨付きや信用を与えるなど体制保護に寄与し被害拡大へ間接的に関わってきた責任を取らせることを意図していたのであれば、その方向性自体は間違っていない。但し、銃撃という手段を採ったことだけは、明確に誤りであることを繰り返し指摘しておきたい。如何なる怒りや義憤があったとしても、殺人に繋がる行為をしたことは間違いである。安倍晋三という政治家に生きて責任を取らせるよう合法的な追及をすべきだった。

私としては、追及半ばで安倍が亡くなったこと、そして教団の2次被害者である山上が犯罪者として裁かれる事態になったことが残念でならない。

これから

私は彼の裁判にも関わることになるだろう。彼の動機面の裏付けを担保できる唯一の存在として。事件前に彼とやり取りをした数少ない外部の人間の一人として、私には彼の裁判の行く末を見届ける責務がある。

今回の事件を通して、問題の重大さ根深さをどの程度〝世間〟に提示できれば社会の側が気づくのかということを痛感させられた。ただし、提示する手段は合法的でなければならない。

山上が収監されている拘置所には、様々な差し入れとともに、合計で100万円以上の現金が届いているそうだ。23年2月11日に共同通信が報じたところによると、山上被告は「統一教会の被害に苦しむ人のために使いたい」と周囲に話しているという。

我々の社会は自分と同じ被害に苦しむ人たちを思いやることができる人間を、犯罪者にしてしまった。カルトの被害者を銃撃犯にしてしまうまで放置してしまったのだ。その現実は取り返しがつかない。多くの課題は残ったままであり、追及すべき相手も複数存在する。

　ではこの事件にどう決着をつけるのか。私を含め、社会の側はこの事件とその背景を教訓として後世に残すことができるのか。

　それは、おそらく彼が直面した〝絶望〟に向き合うことでしか成し得ない。彼が見ていた〝絶望〟の深さ、そこに思いを馳せる時、やるせない気持ちと共に暗渠《あんきょ》を照らし、負の連鎖を断ち切らねばならないと強く感じる。

第2章 「鈴木エイト」が誕生するまで

終章の前に「鈴木エイト」が〝誕生〟するに至った経緯を記しておきたい。なぜ誰も問題視すらしていなかったことを一人で追及し、報われない闘いを長年続けてきたのか、そんな疑問に答える内容になると思う。

最初のきっかけ

前書や序章でも少し触れたが、私がカルト問題にかかわることになったきっかけについて改めて詳細に記しておきたい。

それは2002年6月、JR渋谷駅の改札口近くで統一教会が組織的に行っていた偽装勧誘を目撃したことに始まる。前日に日本テレビの報道番組『報道特捜プロジェクト』が同教団による組織的な正体隠し伝道の実態について放送していた。番組で取り上げていた「手相の勉強」「青年意識調査アンケート」を入り口とした勧誘の手口を観て義憤を感じていた私にとって、目の前で行われている偽装伝道を見逃すわけにはいかなかった。

考えるよりもまず先に体が動いた。鑑定士を名乗る信者の男女2人に捉《つか》まり手相を見せていた女性に「これは統一教会という宗教団体による偽装勧誘ですよ」と忠告した。

「違いますよ」「何ですかあなたは」薄笑いを浮かべ反論する男性信者勧誘員。

何とか解放させた後、周辺を見て回ると渋谷駅周辺にはターゲットを物色する統一教会勧誘員が数十人いた。捉まっている人に声をかけ、片っ端から救出した。

その後、仕事帰りや休日に時間を作っては渋谷駅周辺を見回って統一教会の偽装勧誘阻止活動をするようになった。統一教会に限らず街頭ではデート詐欺、募金詐欺といった様々な詐欺的勧誘が横行していた。カルト的な宗教団体による偽装勧誘が最も多く、怪しい現場を見つけては介入し阻止して回った。

〝パトロール〟の範囲は渋谷に留まらず新宿・池袋と拡がり、都内を中心に近県にも行くようになった。

最初は単に嘘を吐いている勧誘員を問い詰め論破することに主眼を置いていた。

だが次第に、偽装勧誘を阻止した後に信者とコミュニケーションを取るようになってからは、私の取り組みも変化していった。勧誘員もまた最初は偽装勧誘を受けマインドコントロールされた被害者だと気づいたからだ。被害者が次の被害者を生んでいくカルト問題の構造を知り、勧誘被害者を救出するだけで終わりとするのではなく、積極的に信者と話すことでカルト問題の複雑さや深刻さの理解に努めた。

最初に勧誘現場に遭遇した際、見て見ぬふりもできたのになぜわざわざ面倒くさいことに首を突っ込んで声をかけたのかと訊かれる。そんな時は、目の前で溺れている子どもを発見したような状況と同じだと答えている。そういうシチュエーションに遭遇したら誰しも後先考えず飛び込んで助けるはずだからだ。

ビデオセンターでの救出

勧誘の入り口だけではなく被害者が連れていかれるビデオセンターでの救出活動も行った。統一教会の信者生産施設であることを知らされないまま通っている被害者(受講生)を救出しないと約2か月で信者にさせられてしまうからだ。救出の手法は2パターンあった。1パターン目はビデオセンター前で張り込み、出てきた受講生に声をかけ施設の正体を知らせるというやり方。もうひとつは実際に施設運営者の許可を経て中に入り、ビデオブースにいる受講生に声をかけ、施設の正体を知らせ一緒に退出するというやり方だ。受講生が支払わされていた高額な受講料の返還交渉にも立ち会った。

勧誘の入り口や信者生産拠点での救出に重点をおいたのは、マインドコントロールされ信者にさせられてしまうと救出することが困難になるからだ。マインドコントロールされる前の段階でカルト被害を防ぐことが重要であり、私が当時行っていたのはそんな活動だった。

心優しい青年たちがカルト教団に取り込まれ問題ある行為に手を染めてしまう。そんな姿を目の当たりにして、負の連鎖をどこかで断ち切らねばならないと思い、日々の活動を続けた。

ブロガーからライターへ

当初は実際に街頭で活動を行うだけだった。が、次第に現場で起こった様々なエピソードをブログに書くようになった。

そして詳細は措くが、『統一協会被害者家族の会』『全国霊感商法対策弁護士連絡会』と連携するようになり『日本脱カルト協会（ＪＳＣＰＲ）』にも参加した。

そこでの繋がりからジャーナリストの藤倉善郎と知り合い、彼が２００９年に創刊する『やや日刊カルト新聞』の副代表として執筆活動を行うようになった。

もともとは家族に危険が及ばないよう本名ではなく「エイト」という〝コードネーム〟を使って勧誘阻止活動を行い、ブログに活動報告を書いていた。20代の頃に行っていた音楽活動では数字の「７」にちなんだステージネームを使っていた。その流れで「８（エイト）」と名乗ることにしたのだ。

「鈴木エイト」となったのは国際会議への出席がきっかけだ。日本脱カルト協会での活動の過程でＩＣＳＡ（国際カルト学会）の年次カンファレンスに２００９年のジュネーブ大会から参加することになるのだが、「エイト」だけではなく苗字を付ける必要があるとのことで、ＩＣＳＡ参加のコーディネートをしていた山口貴士弁護士（リンク総合法律事務所）から「鈴木でいいですか?」と言われ了解したことから「鈴木エイト」となった。

ジャーナリストとして

また、当初は単に「ライター」としていた肩書きを「ジャーナリスト」に改めたのは、ある記事を2011年に『FORUM21』という月刊誌へ寄稿したことが評価されたからだ。同記事は東京都足立区で若者が離れていく地域社会に入り込み、地元のお祭りを統一教会の足立教会青年部が乗っ取っていった経緯がテーマだった。カルト問題を地域社会の衰退という他の社会問題と絡めて書いたことをきっかけに「ジャーナリスト」と名乗るようになった。

私は通信社や新聞社などで専門的に報道記事の書き方を教わったわけではなく、自己流で書いてきた。実際に『週刊朝日』で安倍政権と統一教会の問題を2013年に書き始めた時は、当時の担当だった森下香枝副編集長から何度もダメ出しをされたが、結果的に記事の書き方を一から叩き込まれたと感じている。

単なる〝正義感〟ではない

正義感は強い方だった。だが、自分の思う〝正義感〟を一方的に相手へ押し付けたことはない。宗教系のカルト団体と相対する場合も教義や信仰の中身にまでは踏み込まない。飽くまで実際に行っている勧誘手法がおかしいとだけ指摘してきた。「正義」は誰に対しても絶対的なものではなく立場やイデオロギーなどによって変化するものだ。では何を善悪の判断の根拠とするのか。道義的におかしいということはできる。だが、対外的に善悪を分けることができるもの、それは〝法律〟にしか成し得ないことだ。偽装伝道の違法性を認定した判例を論拠に私は勧誘などの現場に介入してきた。

問題教団や政治家に対しても、分け隔てなく「なぜ嘘を吐くのか」「なぜ関係を隠すのか」という点を前面に追及してきた。

政治家の追及については事実を提示し有権者の投票判断を仰ぐ材料にしてもらうことを心がけた。個別の議員・候補者の当選や落選運動には関わるつもりはなく、党派性も持たない。どの党からも声がかかれば発言はする。事実を提示することが私のジャーナリストとしての役割、職分であり、その先の判断は記事等を読んだ人に任せるだけだ。

納得いかないことには抵抗

子どもの頃から曲がったことが嫌いだった。自分がおかしいと思ったことをストレートに追及してきた。10代の頃、通っていた高等学校の校則に納得できないものがあった際には、生活指導の教諭へ直談判に行った。その顛末は、ある青年誌に掲載された。

大学へ進み、東京へ出てきてからも常に社会的な存在でありたいと思ってきた。ミュージシャンを志したこともあり、卒業後は就職せずアルバイトを続けながら音楽活動を続けた。

音楽活動をやめた後も様々な仕事に従事し、社会の〝ヒエラルキー〟の中では下に見られる職種も経験してきた。人間扱いされず、空気以下の存在として見られることもあった。ブルーカラーワーカーとして公的機関が入る建物内で業務をしていた時期があるのだが、視界に入っていても認識すらされないという扱いを受けたことを覚えている。

ちなみにその職場の休憩所は建物地下にある機械室、窓も空調もなく常に空気が澱んでいるようなところだった。消防法の関係でそこですら使えなくなり、一旦は通常の部屋が用意されたものの「職員の娯楽室を作る」といった理由で締め出され、最終的に追いやられたのは建物の最地下の汚水槽に繋がるマンホールがある部屋だった。日本の公的施設内で明確な差別が横行していた。抗議すべきだと現場の上司に掛け合ったが「言うだけ無駄だよ」と悪臭が漂う部屋で唯々《いい》諾々《だくだく》と過ごす姿を見て、声をあげない限り何も変わらないことを悟った。

嬉しい報せの一方

長く活動を続けていると良い意味で思いがけないことが多々ある。街頭で何度も勧誘を阻止し対峙していた信者が脱会して連絡をくれた時は、報われる思いだった。そして昨年、私がテレビ出演したことによって嬉しい連絡をもらった。

「娘が東京でセミナー勧誘を受けた際に助けてもらった。テレビを見てあの時の人だと思い出した。あの時ついていったら、どうなっていたか」

こういう連絡を受け取ると長くカルト問題に取り組んできて本当によかったと思う。

相対した信者勧誘員は数千人に及び、救出した勧誘対象者は数万人になるだろう。だが、その一方で多くの被害者を救えなかったことも事実だ。

勧誘の入り口や教化の過程においては一定の抑止力にはなれたと思う。だが、教団自体の問題は解決できないまま、昨年の安倍晋三元首相銃撃事件にまで至った政治家の追及という点でも力及ばなかった。

改めて事件の検証を含め問題に取り組んでいく決意を固めた。

終章

どうすれば問題は解決するのか

岸田政権の対応を注視する必要がある（時事通信）

多角的な検証が必要

私は著書『自民党の統一教会汚染　追跡3000日』の中で安倍元首相が暗殺される半年前の論考としてこう書いた。

「統一教会（天の父母様聖会・世界平和統一家庭連合）の生命線は安倍晋三との関係性に委ねられている。互いを利用し合っている両者、それは本稿で検証してきたように健全な信頼関係などではない。政界を汚染するこの『歪《いびつ》な共存関係』を白《はく》日《じつ》の下《もと》に晒《さら》し、国民の監視下に置くこと。それ以外にこの穢《けが》れた関係を取り除くことはできない」

山上被告の起こした事件が契機となって、統一教会による被害や反社会的教団と政治家との関係など、様々な問題が社会に広く流布した。安倍元首相のビデオメッセージ出演へと連なる両者の穢れた関係性が、山上による銃弾で広く社会に向けて可視化されたことになる。

〝白日の下に晒す〟ことができたのは私の記事や発信からではなく、主に山上の犯行がきっかけとなったことも事実だ。彼を追い込んでしまったものが何であったのかを考えると、社会へこの問題を十分に問えていなかった責任を感じ続けている。

想定していない形ではあったが、こうして「白日の下に晒す」ことはある程度なされたとは思う。だが、実際はどうだろう。この「歪な共存関係」を取り除くことはできたのか。穢れた関係性が晒されたにもかかわらず、関与してきた多くの政治家は保身のために〝知らぬ存ぜぬ〟を決め込んでいるではないか。

本来であれば自分たちの領袖《りょうしゅう》であった安倍晋三という人物がなぜ殺害されるに至ったのか、統一教会との関係性は如何なるものだったのか、自民党自体と教団の関係はどのような経緯を辿ってきたのか、これらを検証しようという動きが自民党の中から出てきて然《しか》るべきだったが、自民党上層部だけでなく、特に安倍派（清和政策研究会）の中から、そのような動きが一切起こっていないことには呆れ返る他ない。

前書でカルト問題が絡んだ事件のフェーズが、「カルト団体が起こした重大な社会事件」から「カルトの被害者が起こした重大な社会事件」へと変わっていることを指摘した。

オウム真理教による松本サリン事件や地下鉄サリン事件といった一連のテロ事件の後、当時の省庁——厚生省、文部省、労働省、自治省、警察庁などを横断する形で検証が進められ、心理学や精神医学の専門家も参加し、内閣官房にオウム真理教関係省庁連絡会議と研究会が設置された。この連絡会議と研究会によって脱会者のケアや社会復帰への指針、これが宗教の問題ではなくカルト問題であることなど、詳細な報告書がまとめられた。だが、その重要な報告書は公文書館に収納されており、全く生かされていなかったという。このことを教えてくれたのは江川紹子氏だった。オウム事件以降、本来であればなされるはずであった「カルトへの監視・予防・啓蒙」は実行されず、カルトが絡んだ事件の教訓は後世に伝わることはなかった。

であるならば、少なくとも今回の事件が起こった背景や原因については多角的な検証が必要であり、後世に教訓を伝えあらゆる行政・国政の正常化のために全容解明を行い、公文書という形での報告書をまとめることが何より重要だ。

これまでの経緯を踏まえると、少なくともこの20年における政界と統一教会との関係性を検証すべきである。自民党が率先してやろうとしないのであれば、国会や各省庁を挙げての検証作業が必要であろう。

そのような指摘があるにもかかわらず、自民党は「社会的に問題が指摘される団体との一切の関係を断つ」としたのみで、充分な検証をしないまま、おざなりな点検結果を発表しただけで済まそうとしている。

政治家と教団の関係性についてだが、簡単に切れるような関係であれば、またほとぼりが冷めた頃合いを見て容易に関係を復活させるであろう。

政治家に対し、全国弁連は予てから警鐘を鳴らしていた。私も各媒体の記事において指摘を続けてきた。だが、多くの政治家はそんな指摘など全く意に介さず関係を持ってきた。その軽率さが安倍自身の命を奪うことになった。カルトの被害者の救済やカルト被害の拡大を防ぐのが政治家の役割であるにもかかわらず、逆にお墨付きを与えてきた政治家が如何に多いことか。

銃撃事件後も私はメディア出演や書籍『自民党の統一教会汚染　追跡3000日』などを通じて、政治家と統一教会の癒着を社会に示してきた。だが、本当の意味でその重大さや深刻さが伝わっているだろうか。

統一教会が政治家を利用し、取り入ってきただけではない。自民党と統一教会が相互に利用し合い、「共存・共栄」関係を築いてきた。そこにメディアの監視機能が働かず関係性がエスカレートしてきたのが、この十数年の実態だ。

今も苦しんでいるカルトの被害者、当事者、2世、家族がいる。韓国の貧困地区へ嫁がされた日本人女性信者の存在も忘れてはならない。安易に統一教会と手を結んだ政治家は、人権侵害や被害拡大に加担していることを自覚すべきだ。

メディアの矜持

元首相暗殺事件は政治家の責任のみならず、メディアの無関心が生んだ悲劇でもある。

事件後、多くのメディアが強い関心を持って取材を続け、報道してくれた。そのことが私には何より嬉しかった。孤独な闘いは多くのメディア関係者の援軍を得て『チームジャパン』での追及の様相を呈した。これまで沈黙してきた多くの媒体がこの問題を報じてくれることがありがたかった。繰り返しになるが私はこの問題を独占しようとはしなかったし、自分で情報を抱え込まず初期に情報を公開したことがメディア報道の拡大、問題の社会への浸透に奏功したと言える。データや情報を提供するにあたっては、当然その内容を報道に生かしてほしいとの思いがある。実際には様々な事情でお蔵入りすることもあったが恨み節は慎んだ。

事件以前からカルト問題に取り組んできた方々は当然として、事件後に知り合った報道人、記者、ジャーナリスト、番組制作者、編集者、番組共演者には気概のある人たちが多く、そんな出会いは私にとって〝財産〟となっている。

これまでの20年間を振り返ると、偽装勧誘阻止、ビデオセンター受講生救出、地方議員・国会議員といった政治家の追及、殆どが孤独な闘いだった。

だが、事件前の単身での闘いはこれらの人々の援軍を得て共闘の段階に入ったとも言える。とはいえ、まだまだ単身で追及を続けねばならない局面も多い。事件の検証も私でなければできないことも多々ある。

統一教会と自民党との共存関係

教団内部資料から、教団の韓国宣教本部の目論見《もくろみ》は、まず日本を含む世界7か国を神の主管に置き、その国の宗教にすることだと判明している。教団は国の中枢を担う政治家を取り込み、教育してその国を〝主管〟する基盤を作ることを目的としてきたのだ。教団が世界各地で行う統一グループの活動・摂理は主に日本人から収奪したお金で賄《まかな》われてきた。

教団は財産や資産を収奪するだけでなく、マインドコントロール下においた信者の人生そのものを破壊し奪い取ってきた。そのために、日本人信者は韓国への贖《しょく》罪《ざい》意識を植え付けられる。結果として信者の家族も破壊されていく。高額なエンドレス献金や霊感商法、偽装勧誘の果てにマインドコントロールされた信者は、唯々諾々と自主的に韓国の教団本部からの指令に従う。韓国へ尽くすという使命感を持たされた日本人女性信者が、合同結婚式でマッチングされた韓国人男性に嫁ぎ、寒村などで苦しみ人権侵害を受けているとの指摘もなされている。

贖罪意識を植え付けられた2世信者たちは、エリート研修として韓国で従軍慰安婦や元徴用工へ謝罪を行うツアーを組まれ、ソウルの日本大使館横の少女像前で安倍政権へ謝罪を迫った。一方、日本国内では同じ2世信者たちに安倍政権を支持する保守派の学生グループを結成させ、街宣やデモをやらせている。私はそんな教団のダブルスタンダードを暴いてきた。

韓鶴子総裁は安倍政権との蜜月を築く一方で、日本人幹部へ安倍を屈服と教育の対象だと指示していた。これも教団のダブルスタンダードを示している。

政治家の責任

文科省（文化庁）による解散命令請求や、それがなされた後の司法による解散命令は、どう展開していくのか。

統一教会はフロント組織・世界平和連合などを介して自民党政治家の後援会を結成、事務所スタッフ、秘書、選挙運動員など人員派遣を継続してきた。それは政治家が最も欲するものだ。第2次安倍政権以降、国家公安委員長には統一教会に近しい政治家が据えられてきたケースが目立つ。2009年の新世事件（統一教会の関連会社「新世」をめぐる霊感商法の摘発事件）の際には、警察官僚出身の有力政治家の口利きによって、教団本部への強制捜査が回避されたと言われている。数々の社会問題を起こしてきた悪質な団体が、政治家との癒着によって、規制や摘発を免れてきたのが、この国の実情なのだ。

そのしわ寄せを受けたのが社会的弱者だった。信者の家族といった2次被害者や2世の苦しみが続いてきた背景を直視すべきだろう。

全国弁連は2018年と19年に衆参全国会議員の事務所へ「統一教会から支援を

受けないこと」「統一教会やその他関連団体のイベントに参加しないこと」を要請する文書を届けたが、完全に黙殺され、各国会議員は変わらず関係を続けた。

大手メディアが報じないことを逆手に取って、カルト教団と付き合いを続けてきた政治家たち。私が疑惑の国会議員を直撃しても惚《とぼ》けたり矮小化したりといった対応ばかりで、取材者を警察に通報し刑事告訴まで行う国会議員もいた。それも副大臣や閣僚といった役職に就く政治家がだ。

多くの政治家が、運動員やスタッフを無尽蔵に派遣してくれる便利な存在として統一教会を重宝してきた。

そこには「皆使っているのだから使わなくては損」といった、共通の軽い認識が根底にある。その一方で政治家たちは社会問題を起こし続けてきた外聞の悪い教団であることは認識しており、関係性を必死で糊塗《こと》するという卑屈さも私は目の当たりにしてきた。

安易に反社会的な宗教カルト団体やそのフロント組織と関係を持ち、バーター取引をしてきた政治家の道義的責任は限りなく重い。本来であれば2世問題を含む統一教会による被害について、もっと早い時点で自発的に取り組むことが政治家の責務だったはずだ。目の前に問題が現前していたにもかかわらず、傍観してきたメディアを含む我々社会の側にも検証が必要である。

「反カルト法」の制定議論

今後の検証についてだが、国会や第三者機関による調査が必要だと感じている。信者の家族や2世の窮状に対する救済は、元信者だけでなく現役も含める必要がある。現役信者もまたカルトの被害者であることを忘れてはならない。何より収奪されたお金や資産の返還は必須であり、2兆円とも指摘される総被害額も早急に把握すべきである。

国益が損なわれた問題も重要だ。統一教会には海外への送金、さらに北朝鮮との緊密な関係がある。どれだけのお金が日本人信者から韓国を中心に海外へ送られ、韓国を経由して北朝鮮へ流れたのか調べる必要があるだろう。

政策への影響については、過大評価も過小評価も安易にすべきではない。家庭教育支援法や青少年健全育成基本法の制定、緊急事態条項の創設、憲法第24条に家族条項を入れるという改憲案への関わり、「子ども庁」から「こども家庭庁」となった案件への関与、ジェンダー関連の法整備の不備といった様々な観点からの検証が必要だ。

統一教会系の政治家による警察への口利きなど、行政が歪められた実例の検証も求められる。

そして問題のある宗教法人への解散命令への要件の明確化や、解散命令時の財産保全など宗教法人法の改正も必要となってくるだろう。そして何より「カルト規制法」「カルト予防法」や日本版の「反カルト法」の制定についても議論すべきだ。

政治家の劣化

安倍元首相銃撃事件によって多くの国民が知ることとなった「自民党の統一教会汚染」は国民に「政治家の劣化」という恥ずべき実態を示した。

本来、政治家は社会的弱者に目を向け、その言葉に耳を傾ける存在であるはずだ。しかし、少なくない政治家が、被害者やその家族の苦しみを知り得る立場にいたにもかかわらず、その元凶となっていた教団と共存共栄を続け擁護してきた。

保身や政治的野心のために反社会的な宗教団体までをも利用し、その関係性を追及された途端に「知らぬ存ぜぬ」を決め込んで頬被り。私利私欲のため保身しか考えていない恥知らずな政治家たちの姿を私たち国民は目の当たりにした。だが、依然として追及を受けていない大物政治家も複数存在する。

教団の実態が、〝反日思想〟に凝《こ》り固まった組織であることが周知された。これは殆どの政治家が軽視または看過して一般の国民には知らされなかったことだ。

党職員として10人前後の国際勝共連合メンバーがいたほどに緊密だった自民党との関係性が東西冷戦終結後に薄れたにもかかわらず、2012年の第2次安倍政権発足以後、首相官邸と連携しながら「歪な共存関係」を継続し、より深まっていった。それが国益に関わる重大問題であると多くの人が認識した筈だ。

だが、そんな教団と関係を持ってきた本筋の政治家への追及はなされていないのが現状である。自民党による形だけのおざなりな自己点検で済ませてよい問題ではない。

全く追及がなされていない大物政治家のひとりが、権力基盤拡大に向けて動いているとされる菅義偉前首相だ。菅については2017年、ワシントン・タイムズ財団と米下院議員らからなる世界平和国会議員連合のVIPたちを引き連れた統一教会幹部一行を首相官邸に招待した疑惑などを取り上げてきた。2022年終盤、私はシンポジウム等で菅の疑惑を追うことを繰り返し公言した。その発言が各メディアによって報道されたことで、菅自身はかなり意識しているようだ。

菅側は周辺に「統一教会は安倍案件で全て安倍さんが差配していた。統一教会なんて知らない。総理だから安倍さんが忙しい時に関わっただけ」と関係を否定しているという。やはり亡くなった安倍ひとりに責任を押し付けようとする動きが出てきた。

権力を掌握することに長《た》けていた菅にとって、統一教会は一つの駒に過ぎなかったのだろうか。

メディアとジャーナリズム

前書でそして本書でも繰り返し触れたが、山上被告による銃撃事件は一連のオウム真理教によるサリン事件のような「カルト団体が起こした重大な事件」ではなく「カルト団体の被害者が起こした重大な事件」である。その深刻さに思い至ってほしかった。政治家を含め社会の側がカルト問題の陰にいる被害者たちから目を背けていたことも、今回の事件の一因である。

もちろん、統一教会と政治家の関係性を報じてこなかったメディアの責任も重い。であるなら尚更、このまま自民党が安易な幕引きを行わないようメディアがしっかり監視し報じていく必要がある。

統一教会問題は、メディア報道とジャーナリズムのあり方を考えるきっかけとなった。もし事件が起きていなかったら、従前通りこの問題を報道するメディアはほぼ皆無だったであろう。

事件が起こる前、統一教会と政治家の関係や2世問題をテーマにした書籍の出版企画は、どの出版社でもNGだった。その状況が事件後に激変した。

私自身のスタンスは何も変わっていない。取材を行う側だった立場が取材を受けることが多くなった程度だ。

自分自身がフリーランスのジャーナリストなので、自分が興味や問題意識を持ったテーマだけを追い続けることが可能だった。だが、組織に所属している記者・ジャーナリストには、即〝成果〟に結びつかないテーマを長く追い続けることは難しいのかもしれない。

だが、今回の一連の経過で明らかになったことは、世の中には、報道されることすらない社会問題が多く隠されているということだった。メディアには声すら上げることができない被害者の声を、如何にして拾っていくことができるかが問われている。そして、すぐには報われないとしても、地道な取材や調査を続ける重要さを多くのメディア関係者に再認識してほしい。

私は事件後に照会があったメディアには、惜しみなくデータを提供してきたことは述べた。それは何も大手メディアだけではなく地方メディアなど規模の小さな媒体に対しても同様だ。それぞれの立ち位置での検証により、さらに新たな事実が浮かび上がることも多々あった。それは埋まり切っていないピースを疑惑のパズルに嵌《は》めていく作業でもある。実際にこの教団が日本の政界にどの程度の影響力を及ぼしてきたのかなど、その全体像は依然としてまだはっきりとはしていない。

統一教会と政治家の関係性追及には、日本のジャーナリズムの真価が問われている。この問題はまだ本格的な検証がされておらず、安易な幕引きをさせないことが最も重要である。

統一教会と政界の闇はまだ全て暴かれたわけではない。

あとがき

これまでの私自身の歩みを振り返ると、良き編集者たちとの出会いこそ私が執筆活動を継続できた要因だと感じている。

2013年に首相官邸と統一教会の裏取引疑惑を摑んで以降、『週刊朝日』をはじめ複数の雑誌に記事を寄稿してきた。2018年からは扶桑社系のウェブメディアである『ハーバー・ビジネス・オンライン（HBOL）』に『政界宗教汚染　安倍政権と問題教団の歪な共存関係』と題した連載記事を書いてきた。サイト内ではアクセス数1位を取るなど、それなりの反響はあったものの21年5月にHBOLが閉鎖、政界と統一教会との関係を書く媒体が無くなってしまった。

並行して様々な媒体や出版社に2世問題を含めて企画を持ち込んだが「政治家はすぐに失脚するし……」「統一教会は旬な存在ではないから」等々、様々な理由でどこも取り上げてくれることはなかった。複数のノンフィクション賞にも応募したが最終選考にも残らなかった。それでも安倍と統一教会の疑惑を追ってきた。その支えとなってくれたのが編集者だった。

まず『週刊朝日』の森下香枝氏、当時は副編集長。２０１３年の森下香枝さんとの出会いが現在の私の原点となっている。

２０１３年7月の参院選で発覚した首相官邸と統一教会の間の裏取引疑惑。これは一般誌で報じるべきだと思い、知り合いの先輩ジャーナリストに掲載してくれる媒体を紹介してもらった。だが、どの媒体も「北村経夫は大物ではない。無名だから」などの理由で興味を示さなかった。そんな中で森下氏だけが「面白い、やろう」と言ってくれたのだ。そうして寄稿した記事だったが、当時の安倍首相は人気絶頂でマイナス情報は皆無。記事にも反響は殆どなかった。その後も一連のシリーズとなる記事を寄稿させてもらったが、その度に教団からは執拗なクレームが編集部に寄せられた。それでも書き手を護ってくれた森下氏には感謝しかない。

森下氏からは安倍元首相銃撃事件後に取材を受けた。週刊朝日編集長を経て朝日新聞へ異動となった森下氏からは、「事件直後の時期に統一教会関連議員リストを各メディアへ提供したことが大きかった」と言われた。そのことによって新聞各紙が動いたとの評価だ。

当時をこう振り返る森下氏。

「全く反響がなかったが、やってきてよかった」

当時、叱られながら私の記事を掲載してくれていたという。それでも継続して載せてくれたのだ。まさに恩人である。

『AERA』副編集長だった小柳暁子氏にもお世話になった。2017年に2世問題をテーマとしたトークイベントに来てくれた縁で、2世問題の企画を一緒に進め18年6月、同誌に「『私は親の付属品だった』エホバの証人、旧統一教会　新宗教元2世信者たちの告白」を寄稿できた。

そして、『ハーバー・ビジネス・オンライン（HBOL）』の編集長だった高谷洋平氏。

2018年にHBOLでの連載企画を勧めてくれた。それが単著の基になったシリーズ連載『政界宗教汚染　安倍政権と問題教団の歪な共存関係』だ。度重なる教団と政治家からのクレームやSLAPPにも屈することなく共に闘ってくれた。

『ＦＯＲＵＭ21』を編集発行する乙骨《おっこつ》正生氏も継続して記事を寄稿する場を与えてくれた。

なかなか通らなかったが、様々な企画をともに提案してくれた編集者にも感謝したい。

事件後に知り合った編集者からも多くの助けを得た。本書そして前書の『自民党の統一教会汚染　追跡３０００日』は、担当編集者である小学館の酒井裕玄氏の助言によって書き上げることができた。

事件後に知り合った各番組のプロデューサーやディレクター、メディア関係者との交流も新たな知見やモチベーションを与えてくれている。

盟友である『やや日刊カルト新聞』の藤倉善郎氏の存在は常に大きな力となってきた。事件後に政治家のデータをまとめてくれるなど、多大なバックアップで支えてくれた。

そして全国弁連の弁護士や日本脱カルト協会のメンバー、被害者の会、そして脱会者や元2世たち、ともにカルト問題に取り組んできた仲間たちとの出会いも大きい。

孤独な闘いから共闘へ、多くの援軍を得てこれからも追及は続いていく。

鈴木エイト（すずきえいと）
滋賀県生まれ、日本大学卒業。2009年創刊のニュースサイト「やや日刊カルト新聞」で副代表、主筆を歴任。2011年よりジャーナリストとして活動。宗教と政治というテーマのほかにカルトや宗教の2世問題、反ワクチン問題などを取材しトークイベントの主催も行う。前書『自民党の統一教会汚染 追跡3000日』（小社刊）がベストセラーに。共著に『徹底検証 日本の右傾化』（筑摩選書）、『日本を壊した安倍政権』（扶桑社）、『統一教会何が問題なのか』（文春新書）、『自民党という絶望』（宝島社新書）など。

装丁　岡孝治

自民党の統一教会汚染2
山上徹也からの伝言

2023年5月31日　初版第1刷発行

著　者　鈴木エイト
発行者　三井直也
発行所　株式会社 小学館
〒101-8001
東京都千代田区一ツ橋2-3-1
電話　編集 03-3230-5955
販売 03-5281-3555
DTP　ためのり企画
印刷所　萩原印刷 株式会社
製本所　株式会社 若林製本工場